SPÉCIAL SÉJOUR LINGUISTIQUE

Le petit guide de survie EN ALLEMAGNE

LAROUSSE
21, rue du Montparnasse 75283 Paris Cedex 06

21, rue du Montparnasse
75283 Paris CEDEX 06

www.larousse.fr

ISBN 978 2 03 587277 7

Direction de la publication : Carine Girac-Marinier
Direction éditoriale : Claude Nimmo
Édition : Giovanni Picci
Rédaction : Dominique Grondin
Révision : Dominique Chevalier
Relecture-Correction : Henri Goldszal, Hella Straubel
Direction artistique : Uli Meindl
Illustrations : Alain Boyer
Mise en page : Giovanni Picci et Les PAOistes
Informatique éditoriale : Dalila Abdelkader, Philippe Cazabet
Fabrication : Marlène Delbeken

Sommaire

Sommaire

1

Los geht's

Te voilà en route pour l'Allemagne.

Une (bonne ?) idée de tes parents, ce petit séjour... tu vas pouvoir parfaire tes connaissances linguistiques... Ils t'ont même acheté ce précieux « Guide de survie » que tu es en train de feuilleter fébrilement. Une vraie mine !!! Es-tu un peu plus rassuré(e) ?

Une question te perturbe cependant. Ta famille d'accueil t'a dit qu'elle viendrait te chercher et tu leur as bien envoyé par mail une description de ta personne :

Ich bin groß.
Je suis grand(e).

Ich bin klein.
Je suis petit(e).

Ich habe blaue Augen.
J'ai les yeux bleus.

Ich trage eine Brille.
Je porte des lunettes.

Les petits pièges à éviter
Attention !!
Lunettes (die Brille) est toujours singulier en allemand !

Tu n'as sûrement pas oublié de parler de tes cheveux, un détail très important pour compléter ton portrait :

Ich bin blond.
Je suis blond(e).

Ich bin dunkelhaarig.
J'ai les cheveux bruns.

Ich habe langes, blondes Haar.
J'ai les cheveux longs et blonds.

Ich habe kurzes, dunkles Haar.
J'ai les cheveux courts et bruns.

Mais allez-vous vous reconnaître ? C'est au moment précis où tu te poses cette question que

Willkommen in Deutschland!

tu arrives à destination. Tu vérifies, encore une fois, que la petite affichette que tu as préparée avant de t'embarquer avec le nom de ta famille d'accueil se trouve encore dans ta poche. (Une bonne idée du Guide !)

Am Flughafen

Ouf ! Tu n'as rien oublié dans l'avion, tu as réussi à passer la douane sans que personne de ton groupe ne voie la photo de la carte d'identité qui a été prise lorsque tu avais huit ans... Pour l'instant tout se passe bien. Alors une formule s'impose :

Willkommen in Deutschland!
Bienvenue en Allemagne !

Dans l'aéroport, tu verras sûrement ces panneaux :

Ankunft	Arrivées
Abflug	Départs
Check-in	Enregistrement
Gepäck	Retrait des bagages
Ausgang	Sortie
Gate	Porte (d'embarquement)

Le petit point de grammaire : les possessifs

L'adjectif possessif se décline comme « ein ». Ouf !!! Ça tu connais déjà !

Masculin et neutre : mein (mon) ; dein (ton) ; sein [masculin], ihr [féminin] (son) ; unser (nos) ; euer (vos) ; ihr (leur).

Féminin et pluriel : meine (ma, mes) ; deine (ta, tes) ; seine [masculin], ihre [féminin] (sa, ses) ; unsere (nos) ; euere (vos) ; ihre (leurs).

Pour la troisième personne, pense au possesseur !!!!

la casquette = die Mütze	le pull = der Pulli
sa casquette à lui : seine Mütze	son pull à lui : sein Pulli
sa casquette à elle : ihre Mütze	son pull à elle : ihr Pulli

Check-list

On t'a préparé un petit mémo très utile pour les choses à vérifier avant le départ, et à emporter avec toi. On te laisse le soin de décider combien de paires de chaussettes tu mettras dans ta valise...

- ❍ As-tu pris contact avec ta famille d'accueil ?
- ❍ T'es-tu décris ?
- ❍ Leur as-tu demandé de se décrire ?
- ❍ As-tu leurs numéros de téléphone ?
- ❍ Avez-vous décidé d'une heure et d'un lieu de rencontre ?

Et n'oublie pas de mettre tout ça dans ta valise :

- ❍ 1 plan de Berlin, ou de Munich, ou d'ailleurs...
- ❍ 4 photos d'identité pour documents
- ❍ ton lecteur MP3 (je n'ose même pas imaginer ce qu'ils écoutent là-bas)
- ❍ ce guide (indispensable !) et un petit dictionnaire de poche (Larousse, évidemment !)
- ❍ ta carte d'identité (toujours utile, même si tu es toujours en Europe...)
- ❍ une carte européenne d'assurance maladie (à demander à ta caisse d'assurance maladie au moins 15 jours avant le départ). Pour plus d'information, consulte le site de l'Assurance Maladie en ligne). Pas question de tomber malade, mais ça rassure ta mère...
- ❍ une autorisation parentale de sortie du territoire (pour les élèves mineurs)... La honte ! À mon âge !
- ❍ les numéros de téléphone de tes parents, en cas de pépin...

Willkommen in Deutschland!

Un petit rappel de quelques questions utiles – tu les connais probablement déjà, mais le premier jour on a toujours l'impression d'avoir tout oublié !

Wo ist der Ausgang?
Où est la sortie ?

Wo sind die Toiletten, bitte?
Où sont les toilettes, s'il vous plaît ?

Wo kann ich mein Gepäck abholen?
Où est-ce que je peux récupérer mes bagages ?

C'est bien joli de poser toutes ces questions, mais encore faut-il comprendre les réponses ! Est-ce que tu te rappelles comment dire « en face de », « à côté de », etc. ? Allez, on t'aide un peu :

Es ist gegenüber der Bank.
C'est en face de la banque.

Es ist neben dem Zeitungsladen.
C'est à côté du marchand de journaux.

Es ist hinter dem Infopunkt.
C'est derrière le point info.

Die Toiletten sind geradeaus.
Les toilettes sont droit devant.

Am Bahnhof

Tu pourrais tout aussi bien prendre le train. En arrivant à la gare (der Bahnhof), tu seras peut-être obligé(e) de dire quelques mots en allemand :

Wo ist die Auskunft?
Où est le bureau de renseignements ?

Hier ist meine Fahrkarte.
Voici mon billet.

Mais si tu pars seul(e) à l'aventure mets-toi bien d'accord avec ta famille d'accueil sur le lieu et l'heure de rendez-vous :

Ich komme um 11 Uhr am Hamburger Hauptbahnhof an.
J'arriverai à la gare de Hambourg à 11 h du matin.

Wo soll ich auf Sie warten?
Où est-ce que je dois vous attendre ?

Wir treffen uns neben dem Gleis 1.
Rendez-vous à côté du quai numéro 1.

Ein kleines Problem?

Tout ne se déroule pas comme prévu ? Heureusement, tu as ton Guide de survie, et tu vas pouvoir faire face :

Ich habe mich verlaufen.
Je suis perdu(e).

Ich suche den Infopunkt.
Je cherche le point info.

Ich finde meinen Koffer nicht.
Je ne retrouve pas ma valise.

Mein Koffer ist nicht auf dem Laufband.
Ma valise n'est pas sur le tapis.

Können Sie mir helfen?
Pouvez-vous m'aider ?

HALLO!!

Au moment de sortir l'affichette avec le nom de ta famille, tu vois un couple s'avancer vers toi, heureux de t'avoir trouvé(e). Ils correspondent trait pour trait à la description qu'ils t'ont envoyée.

La femme est...

Die Frau ist ziemlich groß.
La femme est assez grande.

Sie ist schlank.
Elle est mince.

Sie hat kurzes blondes Haar.
Elle a les cheveux courts et blonds.

On se fait la bise ?

En Allemagne on ne s'embrasse pas aussi facilement qu'en France ! On donne une poignée de main pour se saluer. Lorsqu'on se connaît mieux, on se donne l'accolade, c'est-à-dire qu'on se prend dans les bras en se donnant des petites tapes amicales dans le dos. C'est aussi un signe de grande affection ! Penses-y à la fin de ton excellent séjour lorsque tu prendras congé de ta famille d'accueil.

Willkommen in Deutschland!

Sie hat blaue Augen.
Elle a les yeux bleus.

Et lui plutôt...

Der Mann ist groß.
L'homme est grand.

Er ist kräftig.
Il est un peu gros.

Er hat eine kleine Glatze.
Il est un peu chauve.

Er hat graues Haar.
Il est grisonnant.

Tous les deux arborent un immense sourire (das Lächeln) et se dirigent vers toi d'un pas décidé.

Du bist Paul, oder?
Tu es Paul, n'est-ce pas ?
(prononcé Paol)

Ja, ich bin Paul.
Oui, je suis Paul.
(toi, tu n'es pas obligé de dire Paol)

Und Sie sind Familie Schmidt?
Et vous êtes la famille Schmidt ?

Ce n'est qu'à ce moment-là qu'ils te tendront une main chaleureuse pour te montrer à quel point ils sont heureux de t'accueillir chez eux. Saisis cordialement la main tendue et ne cherche surtout pas à les embrasser pour leur montrer à quel point, toi aussi, tu es heureux, très heureux de les avoir trouvés.

Schöne Reise?

OUF !! Tout s'est bien passé et te voilà confortablement installé(e) dans l'Audi familiale. Vous faites route vers ta future maison. Les questions fusent, alors que tu commençais à t'assoupir un peu :

Willkommen in Deutschland!

War die Reise schön?
As-tu fait bon voyage ?

Psst, c'est à toi qu'ils parlent et il faut que tu répondes quelque chose. Tu pourrais dire :

Ja, die Reise war schön, aber etwas anstrengend.
Oui, le voyage s'est bien passé, mais c'était un peu fatigant.

Ich bin ein bisschen müde.
Je suis un peu fatigué(e).

Die Reise war ganz schön lang!
Le voyage était bien long !

Ich bin froh, angekommen zu sein.
Je suis content(e) d'être arrivé(e).

Bist du müde?

Ils vont maintenant sûrement vouloir savoir à quel point tu es fatigué(e) et si la promenade en bicyclette qu'ils avaient prévue pour cet après-midi tient toujours. Ils te demandent :

Wann bist du losgefahren?
À quelle heure es-tu parti(e) ?

Ich bin um acht Uhr losgefahren.
Je suis parti(e) à huit heures ce matin.

Wir haben Lyon um zehn Uhr verlassen.
Nous avons quitté Lyon à dix heures.

Le petit point de grammaire: les noms de lieux
Généralement, les noms de lieux sont neutres et sans article : Frankreich, Afrika, Berlin.

Ils prennent l'article avec un adjectif : das schöne Paris (le joli Paris).

Quelques-uns sont toujours précédés de l'article : die Schweiz, die Türkei, das Elsaß, die Bretagne.

Willkommen in Deutschland!

Ils veulent en savoir encore plus. Qu'est-ce qu'ils sont bavards ! Tu vas en faire des progrès avec les Schmidt ! (die Schmidts, n'oublie pas le « s »).

Wo wohnst du in Frankreich?
Où habites-tu en France ?

Ich wohne in Paris.
J'habite Paris.

Sans pitié devant ton air complètement naze, ils te demandent encore :

Paris-Paris? Oder die Vorstadt?
Paris-Paris ou la banlieue ?

Ich wohne in Paris.
J'habite Paris même.

Ich wohne in Versailles. Das ist in der Nähe von Paris.
J'habite Versailles. C'est à côté de Paris.

Le monde entier connaît Versailles !

Ich komme aus der Bretagne.
Je viens de Bretagne.

Alors que tu t'attends à une autre question, tu remarques que la voiture ralentit et se gare. Vous êtes arrivés !

QUIZ Un petit quiz pour terminer !

Comment dirais-tu en allemand : « J'habite la Bretagne » ?

- ◯ **Ich wohne in die Bretagne.**
- ◯ **Ich wohne in Bretagne.**
- ◯ **Ich wohne in der Bretagne.**

Le voyage s'est bien passé. Tu dis :

....

Tu veux bien commencer ton séjour et dire à la maman de ta famille d'accueil qu'elle porte de très jolies lunettes.

Que lui dis-tu ? Choisis entre les deux phrases suivantes :

◯ **Ihre Brille ist schön.** ◯ **Ihre Brille sind schön.**

2

Hallo!!

Vous êtes arrivés... la voiture se gare devant une grande maison. Tu jettes un rapide coup d'œil alentour ; toutes les maisons sont identiques : briques rouges, toit de tuiles rouges. Les grandes fenêtres sont habillées de voilages en dentelle à mi-hauteur. De simples haies séparent les maisons et le jardin est entouré d'une petite barrière en bois facile à enjamber. Ni hautes grilles, ni portail. Pratique le jour où tu auras oublié tes clés !

Sur les marches de l'escalier qui mène à la porte d'entrée, des pots de fleurs et des statuettes. Sur la porte une couronne de feuilles tressées porte cette inscription rassurante : Willkommen.

Tu ne sais pas pourquoi mais tu te sens bien ici ! Tu viens de découvrir la Gemütlichkeit allemande. Ce mot que le dictionnaire traduit par « confort » est en réalité beaucoup plus que cela : il désigne ce sentiment de bien-être que tu peux ressentir dans un endroit familier et intime. Tu soupires d'aise en franchissant la porte d'entrée (die Eingangstür) vers ton nouveau chez-toi (dein Zuhause).

Es geht los!

Tu poses ta veste (du legst deine Jacke ab) et tu entres dans le salon en t'exclamant : Wie gemütlich ! (maintenant que tu sais ce que cela veut dire...). Les enfants t'y attendent, curieux. Lea (facile à prononcer) et Timon (moins facile !). Ils n'ont pas pu venir te chercher et le regrettent bien !

Schön dich kennenzulernen

Lea, ravie de te voir, a visiblement préparé de nombreuses questions :

Wie heißt du?
Comment t'appelles-tu ?

Ich heiße Paul.
Je m'appelle Paul.

Wie alt bist du?
Tu as quel âge ?

Ich bin 14. Und du?
J'ai 14 ans, et toi ?

Ich bin 13.
J'ai 13 ans.

Ich bin Franzose.
Je suis français.

Ich bin Französin.
Je suis française.

Les petits pièges à éviter
Pour dire son âge en allemand on utilise le verbe « être ».
Ich bin 14 Jahre alt.
J'ai 14 ans.

Les présentations

Tu connais maintenant le père (der Vater) et la mère (die Mutter) – ils sont venus te chercher –, les enfants (die Kinder) – ils t'attendaient de pied ferme –, et tu vas sûrement avoir l'occasion de rencontrer le reste de la famille :

der Onkel	l'oncle
die Tante	la tante
der Cousin	le cousin
die Cousine	la cousine
der Großvater	le grand-père
die Großmutter	la grand-mère

Hier ist Timon. Mein ältester Bruder.
Voici Timon, mon frère aîné.

Hier ist Helga. Meine Tante.
Voici Helga, ma tante.

Ich stelle dir meine Großmutter vor.
Je te présente ma grand-mère.

Les petits pièges à éviter
Si tu dis **mein ältester Bruder**, cela signifie que tu as plusieurs frères. Si tu as un seul frère, il faut dire plutôt **mein älterer Bruder**.

Les chiffres

Bien sûr, les chiffres en allemand n'ont aucun secret pour toi, mais tu ne pensais pas avoir à compter si vite. Petit rappel :

1	**eins**	11	**elf**
2	**zwei**	12	**zwölf**
3	**drei**	13	**dreizehn**
4	**vier**	14	**vierzehn**
5	**fünf**	15	**fünfzehn**
6	**sechs**	16	**sechzehn**
7	**sieben**	17	**siebzehn**
8	**acht**	18	**achtzehn**
9	**neun**	19	**neunzehn**
10	**zehn**	20	**zwanzig**

Entraîne-toi à dire les nombres à l'envers : ce n'est pas un jeu, c'est comme ça qu'il faut faire... Vas-y ! un et vingt, deux et vingt, trois et vingt, et ainsi de suite jusqu'à 99.

21	**einundzwanzig**
30	**dreißig**
40	**vierzig**
50	**fünfzig**
60	**sechzig**
70	**siebzig**
80	**achtzig**
90	**neunzig**
100	**hundert**

Fini de jouer ! Tout rentre dans l'ordre :

101	**hunderteins**

Schön dich kennenzulernen

Pendant que Lea reprend son souffle (elle t'a aidé(e) à compter), Timon prend la relève :

Hast du Geschwister?
Tu as des frères et des sœurs ?

Nein ich bin ein Einzelkind
Non, je suis fils (fille) unique.

Ich habe einen älteren/jüngeren Bruder.
J'ai un frère aîné/cadet.

Ich habe eine Schwester. Sie ist acht Jahre alt.
J'ai une sœur de huit ans.

Wie heißt deine Schwester?
Comment s'appelle ta sœur ?

Sie heißt Louise.
Elle s'appelle Louise.

Il veut tout savoir :

Was machen deine Eltern von Beruf?
Que font tes parents ?

Sie sind Ärzte.
Mes parents sont médecins.

Comment lui expliquer avec le peu de mots dont tu disposes (pour l'instant !) que ton père ou ta mère est :

Verkäufer/Verkäuferin	vendeur(euse)
Anwalt/Anwältin	avocat(e)

Le petit point de grammaire : le pluriel des noms

En règle générale, le pluriel des noms masculins et neutres se forme en ajoutant un Umlaut sur la voyelle, plus un e à la fin du mot masculin. Les noms neutres prennent er au pluriel.

der Sack le sac	⇨	**die Säcke** les sacs	**das Kind** l'enfant	⇨ **die Kinder** les enfants

Attention :

das Auge l'œil	⇨	**die Augen** les yeux	**das Ohr** l'oreille	⇨ **die Ohren** les oreilles

Pour les mots féminins, il suffit de rajouter en à la fin du mot :

die Frau ⇨ **die Frauen**
la femme — les femmes

Lehrer/Lehrerin professeur(e)

Arzt/Ärztin médecin

Mein Vater ist arbeitslos
Mon père est au chômage.

Lass uns Deutsch sprechen

Timon, impressionné (ou consterné !) par ton niveau d'allemand, veut en savoir plus.

Warst du schon mal in Deutschland?
Tu es déjà venu(e) en Allemagne ?

Nein, ich bin zum ersten Mal hier.
Non, c'est la première fois que je viens.

Seit wann lernst du Deutsch?
Depuis quand tu apprends l'allemand ?

Ich lerne seit 2 Jahren Deutsch.
J'apprends l'allemand depuis 2 ans.

Wie findest du es?
Comment tu trouves ça ?

Es ist ein bisschen schwer.
C'est un peu difficile.

Avoue sans honte :

Die Grammatik ist besonders schwer!
La grammaire surtout est difficile !

Ich weiß nie wann ich der, die oder das sagen soll.
Je ne sais jamais quand il faut dire der, die ou das.

Und es ist manchmal schwer auszusprechen!
Et c'est parfois difficile à prononcer !

Et ajoute, avec enthousiasme :

Aber ich bin hierher gekommen um Fortschritte zu machen!
Mais je suis ici pour faire des progrès !

Mais ce n'est pas gagné ! Ils n'ont pas du tout

le même accent que ta prof d'allemand et ils parlent beaucoup trop vite !!! Voici quelques formules pour leur faire comprendre qu'ils vont devoir se mettre à ta portée :

Wie bitte?
Comment ?
Pardon ?

Entschuldigen Sie, aber ich verstehe nicht.
Excusez-moi, mais je ne comprends pas.

Könntest du das wiederholen?
Pourrais-tu répéter ?

Könntest du langsamer sprechen?
Pourrais-tu parler plus lentement ?

Tu as compris ? Non ?

Ich verstehe nicht.
Je ne comprends pas.

Et, si tu as complètement perdu le fil de la conversation :

Ich verstehe überhaupt nichts.
Je ne comprends rien du tout.

Il te faut acquérir coûte que coûte du vocabulaire, alors montre du doigt tout ce qui t'entoure et demande :

Wie heißt das?
Comment ça s'appelle ?

Was bedeutet das?
Qu'est-ce que ça veut dire ?

Wie schreibt man das?
Comment ça s'écrit ?

Sans oublier la question essentielle :

Was ist das?
Qu'est-ce que c'est ?

On ne pourra pas dire que tu manques de curiosité !

Ein Geschenk für dich!

Cela fait toujours plaisir de recevoir un petit cadeau (das Geschenk) et tu n'auras pas oublié de mettre dans ta valise un souvenir typique de ta région :

Ich habe ein Geschenk für dich.
J'ai un cadeau pour toi.

Eine Spezialität aus meiner Region.
C'est une spécialité de ma région.

Tu peux leur apporter un produit régional (das Produkt aus der Region) comme du fromage (der Käse) – ne choisis pas les plus odorants tout de même ! –, des friandises (die Süßigkeiten), des chocolats (die Pralinen), des galettes bretonnes... à toi de voir ce qui représente le mieux la France et ta région. Évite cependant le foie gras (ça ne se traduit pas !), car le gavage des oies est un sujet particulièrement sensible outre-Rhin.

Pourquoi pas du vin (der Wein) ou du champagne (der Champagner) ? Attention à bien les emballer.

Un livre de cuisine (das Kochbuch) peut aussi être une bonne idée, à condition qu'ils comprennent le français !

Tes hôtes te remercieront :

Wie lieb von dir!
C'est vraiment très gentil !

Vielen Dank, das war aber nicht nötig !
Merci beaucoup, mais il ne fallait pas.

Du hättest gar nichts mitbringen sollen.
Tu n'aurais rien dû apporter.

Tu répondras tout simplement :

Sehr gerne./Gern geschehen.
De rien.

Nichts zu danken.
Il n'y a pas de quoi.

Petit conseil

En général, les Allemands offrent leurs cadeaux au moment de leur départ afin de montrer à leurs hôtes combien ils ont apprécié leur séjour. Toi, tu donneras, dès ton arrivée, la boîte de chocolats que tu as retrouvée écrasée au fond de ta valise. Cela t'évitera de les manger (tu te connais...) et, surtout, tu n'auras pas besoin de courir en catastrophe chez Karstadt (l'équivalent de nos Galeries Lafayette) la veille de ton départ pour remplacer avec tes maigres deniers la boîte de rochers pralinés que tu as engloutie.

Aufs Zimmer!

Tu te retiens tellement de bâiller que tu en as mal aux mâchoires. Devant ton air épuisé (voyager, parler, sourire, comprendre, tout comprendre ?), Timon compatit et propose (enfin !) de te montrer ta chambre :

Willst du auf dein Zimmer gehen?
Tu veux aller dans ta chambre ?

Ja, ich bin ein bisschen müde.
Oui, je suis un peu fatigué(e).

Ouf, tu vas pouvoir souffler un peu... tu feras le tour de la maison demain...

QUIZ Un petit quiz pour terminer !

Comment dirais-tu en allemand : « Mon père a 42 ans » ?

....

Comment dirais-tu : « C'est la première fois que je viens en Allemagne » ?

....

Tu arrives dans ta famille d'accueil. C'est très joli et confortable. Comment leur dis-tu ?

- ❍ **Es ist nicht schön hier!**
- ❍ **Es ist sehr gemütlich hier!**

3

Dein Zimmer

Enfin seul(e) dans ta chambre. Au fait ! Tu te souviens du nom des meubles ?

das Bett	le lit
die Bettdecke	la couette
der Schrank	l'armoire
der Schreibtisch	le bureau
das Regal	l'étagère
der Nachttisch	la table de chevet

Tu ferais bien une petite sieste mais on frappe à ta porte ! Décidément, depuis ton arrivée, pas une minute de répit !

Brauchst du Hilfe?
Tu as besoin d'aide ?

Hast du genug Platz im Schrank?
Tu as assez de place dans l'armoire ?

Alles in Ordnung, danke.
Tout va très bien, merci.

Profites-en pour demander à Timon, qui semble soulagé de ne pas te trouver endormi(e), les quelques détails pratiques qui manquent à ton confort :

Wie kann ich die Jalousie benutzen?
Comment marchent les stores ?

Ich suche eine Steckdose für mein Ipod.
Je cherche une prise de courant pour mon iPod.

Sie ist unter dem Schreibtisch.
Elle se trouve sous le bureau.

Tu veux savoir à quoi ressemble ta série télé préférée en allemand ? Il faudra allumer la télé pour le savoir...

Wie macht man den Fernseher an?
Comment est-ce qu'on allume la télé ?

> **Les petits pièges à éviter**
> Attention à la traduction du mot « bureau » : **das Büro** est la pièce, **der Schreibtisch** le meuble.

Wo ist die Fernbedienung?
Où est la télécommande ?

Lass uns das Haus angucken!

Timon a hâte de te faire découvrir sa maison et tu te demandes de ton côté s'il va y avoir de grandes différences avec la tienne :

Komm, ich zeige dir das Haus.
Viens, je te montre la maison.

Suis le guide :

das Wohnzimmer	le salon
die Küche	la cuisine
das Büro	le bureau
das Bad	la salle de bains

Lüfte nach der Dusche, bitte.
Aère après la douche, s'il te plaît.

Wo kann ich frische Handtücher finden?
Où se trouvent les serviettes propres ?

Tu as maintenant quelques repères. C'est là que tu vas vivre les prochains jours et tu te sens de mieux en mieux dans cette nouvelle maison. Il te reste, pour être tout à fait chez toi, à défaire ta valise. Eh oui ! C'est clair qu'ici tu vas devoir ranger tes vêtements et que tu ne pourras pas laisser le contenu de ta valise en piles par terre ou sur une chaise ! D'ailleurs, ta famille aura certainement fait de la place dans ta chambre, afin que tu puisses t'installer :

Wo kann ich meine Kleidungen unterbringen?
Où est-ce que je peux ranger mes vêtements ?

Darf ich diesen Schrank benutzen?
Je peux prendre ce placard ?

der Schrank	l'armoire, le placard
das Regal	l'étagère
die Kommode	la commode

Mach es dir gemütlich

die Schublade le tiroir
der Bügel le cintre

Et si tu essayais, en les rangeant, de te souvenir de leur nom en allemand ?

die Hose le pantalon
der Rock la jupe
das Hemd la chemise
das T-shirt le T-shirt
das Kleid la robe
der Pulli le pull

Plutôt dans un tiroir, les sous-vêtements...

die Socke la chaussette
der Slip la culotte/le slip
die Unterhose le caleçon

Pas question non plus de laisser tes chaussures au milieu du salon ; demande où tu peux les ranger :

Wo kann ich meine Schuhe lassen?
Où est-ce que je mets mes chaussures ?
die Turnschuhe les baskets
die Badelatschen les tongs
die Sandalen les sandales

Und jetzt Wäsche waschen

Chez toi, tu laisses tes vêtements sales en vrac n'importe où et tu les retrouves quelques jours plus tard dans ton placard, lavés, repassés et pliés ?... Ici, pas de miracle, ils vont rester par terre et s'entasser au fil des jours.... Non seulement tu vas confirmer que les Français sont cracra mais tu n'auras rapidement plus rien à te mettre... même si ta mère a prévu large...

Les petits pièges à éviter

Nachttisch signifie « table de nuit ». Si tu oublies un « t », alors tu parleras de « dessert ». Facile à retenir, il y a deux « t » dans « Table de nuiT ».

D'ailleurs, rien ne t'interdit de poser ton dessert sur la table de nuit... entraîne-toi à bien prononcer !

Mach es dir gemütlich

Was soll ich mit meiner schmutzigen Wäsche tun?
Qu'est-ce-que je fais de mon linge sale ?

Wo ist der Korb für schmutzige Wäsche?
Où est le panier à linge sale ?

Darf ich Ihnen meine Wäsche zum waschen geben ?
Est-ce que je peux vous donner mon linge à laver ?

Tu peux aussi décider de faire un grand pas en avant et de laver toi-même ton linge, il sera toujours temps de reprendre tes habitudes à la maison !!

Wo kann ich die Wäsche waschen?
Où est-ce que je peux laver le linge ?

Timon t'emmène alors dans la buanderie (der Waschkeller) pour te montrer où se trouve la machine à laver.

Und wie benutzt man diese Maschine?
Tu sais comment on s'en sert ?

Devant ses yeux écarquillés tu comprends que lui-même n'a pas encore franchi cette étape et que c'est toujours madame Schmidt qui règne sur la buanderie. Mais elle est tout à fait prête à déléguer... et se lance dans d'obscures explications : alors là, concentration, ça devient très technique. N'hésite surtout pas à lui faire répéter car ton jean neuf supportera mal de bouillir :

Nochmal, bitte?
Vous pouvez répéter, s'il vous plaît ?

Das habe ich nicht verstanden.
Je n'ai pas compris ça.

Könnten Sie bitte etwas langsamer sprechen?
Pourriez-vous parler plus lentement, s'il vous plaît ?

Un peu de vocabulaire devrait t'aider à maîtriser les subtilités du lavage en machine :

Mach es dir gemütlich

die Waschmaschine le lave-linge
das Waschmittel la lessive
der Weichspüler l'adoucissant
das Programm devine !

Le petit point de grammaire

Masculin, féminin, neutre ? Un vrai casse-tête en allemand. Heureusement il y a quelques astuces à retenir, et comme tu sembles très motivé(e), nous allons t'en donner quelques-unes :

❍ Seront masculins :

- évidemment les êtres de sexe masculin
- les noms de jours, de mois et de saisons
- les noms terminés par les suffixes suivants :

el ➪ **der Spiegel** (le miroir)
en ➪ **der Regen** (la pluie)
er ➪ **der Hammer** (le marteau)
ich ➪ **der Teppich** (le tapis)
ig ➪ **der Honig** (le miel)
ling ➪ **der Schmetterling** (le papillon)

❍ Seront féminins :

- les êtres de sexe féminin (logique !)
- la plupart des noms de fleuves, d'arbres, de fleurs et de fruits
- les noms terminés par les suffixes suivants :

ei ➪ **die Bäkerei** (la boulangerie)
heit ➪ **die Gelegenheit** (l'occasion)
keit ➪ **die Geschwindigkeit** (la vitesse)
schaft ➪ **die Gesellschaft** (la société)
ung ➪ **die Zeitung** (le journal)

❍ Seront neutres :

- les êtres jeunes, les enfants et les petits des animaux
- les lettres de l'alphabet
- les couleurs
- les diminutifs en -chen ou -lein : **das Mädchen** (la fille)
- les infinitifs substantivés : **das Trinken, das Essen** (le boire, le manger)
- les collectifs avec le préfixe ge- : **das Gemüse** (les légumes), **das Gebirge** (la montagne)
- les noms étrangers : **das Taxi, das Telefon**

Et ça suffira pour cette fois !

Mach es dir gemütlich

Toutes ces lessives te rappellent ta mère (ça lui ferait plaisir...) et tu as une pensée émue pour elle. Tu réalises surtout qu'elle doit tourner comme un lion en cage autour du téléphone ou qu'elle a déjà dû consulter vingt fois sa messagerie. Comment va son petit poussin chéri, seul(e), loin, perdu(e), si fragile ?!!!

Il est vraiment temps d'appeler tes parents !

E.T. will nach Hause telefonieren!

Ich möchte meine Eltern anrufen.
Je voudrais appeler mes parents.

Ich möchte meinen Eltern sagen, dass ich gut angekommen bin.
Je voudrais dire à mes parents que je suis bien arrivé(e).

Ich möchte eine Mail schicken.
Je voudrais envoyer un mail.

Ist das möglich?
C'est possible ?

Aber sicher doch!
Mais bien sûr !

Direction : le Büro ! Madame Schmidt semble vouloir prendre la direction des opérations ! Le téléphone, franchement, tu maîtrises et ton précieux Guide de survie te donne les indicatifs dont tu peux avoir besoin :

Was ist die Vorwahl für Frankreich? Weißt du das?
Tu connais l'indicatif pour la France ?

Na klar! 0033 und dann die Nummer!
Oui, bien sûr, 00 33 et le numéro !

Meine Eltern werden zurückrufen.
Mes parents rappelleront.

Wie lautet die Nummer hier?
Quel est le numéro (de téléphone) ici ?

Um Deutschland anzurufen, müssen deine Eltern die 00 49 als Vorwahl benutzen.
Tes parents doivent faire le 00 49 pour appeler l'Allemagne.

Tu as déjà tant de choses à raconter. Par quoi commencer ? La machine à laver que tu as domptée ? Est-ce bien prudent ? Ta mère pourrait en profiter pour te confier le lavage du linge de toute la maison à ton retour...

En Allemagne comme en France, il est bien rare de ne pas trouver un ordinateur à l'usage de toute la famille et il est probable que tes hôtes t'en autoriseront l'accès.

Darf ich den Computer benutzen?
Puis-je utiliser l'ordinateur ?

Ich möchte ein paar Mails schreiben.
Je voudrais envoyer quelques mails.

Tu vas pouvoir faire des commentaires sur Facebook, si tu le souhaites, mais tu risques d'avoir quelques surprises. Le clavier allemand est très différent du clavier français. Les Français utilisent un clavier AZERTY, les Allemands un clavier QWERTZ. Ah, ces Allemands ! Comme si ça ne leur suffisait pas de compter à l'envers !

der Computer	l'ordinateur
der Bildschirm	l'écran
die Tastatur	le clavier
die Internetseite	la page Web
an/ausmachen	allumer/éteindre
die Maus	la souris

Les petits pièges à éviter

Si tu veux parler du clavier de ton ordinateur ne dis pas **das Klavier** car tu parlerais alors d'un piano !

Madame Schmidt te propose alors de te donner les clés de la maison pour que tu puisses entrer et sortir à ta guise. Elle t'explique :

Das ist der Hausschlüssel.
C'est la clé de la maison.

Damit du jeder Zeit rein und raus kommen kannst.
Pour que tu puisses entrer et sortir quand tu veux.

Un petit quiz pour terminer !

Peux-tu donner le genre des mots suivants en allemand ?

.... Bruder

.... Lehrerin

.... Gemüse

.... Bäckerei

.... Regen

.... Dezember

.... Essen

.... Montag

.... Schmetterling

Tu te mets à l'ordinateur et tu vois tout de suite que le clavier allemand est très différent du clavier français. Pour expliquer ta lenteur, tu dis :

- **Das Klavier ist anders als in Frankreich.**
- **Die Tastatur ist anders als in Frankreich.**

Timon t'a prêté un livre. Tu l'as posé sur le bureau dans ta chambre et tu lui dis :

- **Es ist auf dem Büro.**
- **Es ist auf dem Schreibtisch.**

4

Hungrig?

Tes vêtements sont rangés, tes parents rassurés... et tu as l'estomac dans les talons. Mine de rien, entre le voyage, ton arrivée, ton installation, cela fait un moment que tu n'as rien mangé... Aucune odeur ne s'échappe de la cuisine... Pas le moindre effluve d'ail ou d'oignons... Normal, il n'est que 18 h 30, et tu te dis qu'il te faudra patienter encore un bon moment... C'est alors que, ton estomac et toi, entendez cette phrase aussi merveilleuse qu'inattendue :

Das Essen ist fertig!
Le dîner est prêt !

Tu pourrais dévorer un sanglier (bon, peut-être pas vraiment un sanglier ! Tu auras compris qu'il s'agit d'une référence à Obélix, un Gaulois comme toi... chez les Goths !), alors, autant te prévenir tout de suite : le soir, c'est Abendbrot ! C'est-à-dire que ce n'est pas un repas cuisiné. Tu auras droit à quelques tranches de pain complet, un peu de fromage et de charcuterie, du poisson fumé, quelques rondelles de tomates, beaucoup de cornichons... le tout arrosé de grands verres de lait, de jus de fruit ou de thé... et c'est tout !

Tu iras donc te coucher léger comme une plume et tu mangeras mieux au petit déjeuner ! Tu réalises ta chance ? Tu vas enfin appliquer les recommandations de tous les diététiciens de France et de Navarre !

Donc, dans ton assiette du soir :

das Brot	le pain
das Vollkornbrot	le pain complet
der Lachs	le saumon

Was zu Essen?

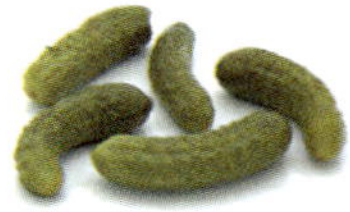

der Hering	le hareng
die Forelle	la truite
die Tomate	la tomate
die Gewürzgurken	les cornichons
der Schinken	le jambon
die Leberwurst	le pâté de foie
der Käse	le fromage
die Milch	le lait
der Saft	le jus de fruit

Normalement, même si tout cela avait l'air un peu léger comparé à ton dîner français, tu ne devrais plus avoir faim :

Bist du satt geworden?
Tu n'as plus faim ?

Quoique... un petit yaourt...

Könnte ich einen Jogurt bekommen?
Est-ce que je peux avoir un yaourt ?

Les petits pièges à éviter

Ne te réjouis pas trop vite à la perspective du yaourt. Certains sont particulièrement acides et n'ont rien à voir avec ta marque préférée !

Ce yaourt est vraiment immangeable pour ton palais délicat ?

Ich mag es nicht.
Je n'aime pas.

Er ist mir zu sauer.
Je le trouve trop acide.

Es tut mir leid, ich kann ihn nicht essen.
Je suis désolé(e), je ne peux pas le manger.

Si, au contraire, tu te régales :

Humm, sehr lecker!
Humm, délicieux !

Ich liebe Jogurt.
J'adore le yaourt.

Vas-y, exagère ! Demande carrément la recette : du yaourt !!!! Tu n'en fais pas un peu trop, là ?

Darf ich das Rezept haben?
Est-ce que je peux avoir la recette ?

Es ist so lecker!
C'est si bon !

Tu es bien élevé(e) et on t'a appris à (presque) tout aimer, mais un régime particulier, une allergie, une incompatibilité t'obligent peut-être à devoir refuser certains plats. Dès ton arrivée, préviens la maîtresse de maison :

Ich bin allergisch gegen Erdnüsse.
Je suis allergique aux cacahuètes.

Ich kann kein Gluten vertragen.
Je suis intolérant(e) au gluten.

Ich darf keine Milchprodukte essen.
Je ne peux pas prendre de produits laitiers.

Ich esse kein Schweinefleisch.
Je ne mange pas de porc.

Ich bin Vegetarier/in.
Je suis végétarien(ne).

C'est bouclé ! Le repas du soir est terminé. Une demi-heure montre en main ! Ils te regardent tous fixement terminer ton yaourt et tu auras compris que les Allemands ont horreur de passer des heures à table. Ils mangent souvent, certes, mais rapidement. Un petit rappel des repas :

das Frühstück	le petit déjeuner
das Mittagessen	le déjeuner
der Kaffee-Kuchen	le goûter
das Abendbrot	le dîner

Et voici quelques expressions indispensables en cas de petite ou de très grande faim :

Ich habe ein kleines Loch im Magen.
J'ai un petit creux.

Ich würde gern was naschen.
Je grignoterais bien un petit quelque chose.

Mir hängt der Magen in den Kniekehlen.
J'ai l'estomac dans les talons.

Les petit pièges à éviter

Ne dis pas que ta mère met du « persil » dans la soupe. Cela voudrait dire qu'elle met du savon pour laver le linge ! Dis plutôt **die Petersilie**, qui, avec de l'ail (**der Knoblauch**) ou de l'oignon (**die Zwiebel**), va donner du goût à cette soupe.

Lass uns den Tisch abdecken !

Pas question de rester les bras croisés pendant que Lea et Timon s'agitent. Ils n'aiment pas plus que toi les tâches ménagères et ne demandent qu'à partager. Tu proposes ton aide :

Darf ich mithelfen?
Je peux vous aider ?

Darf ich den Tisch decken?
Puis-je mettre la table ?

Darf ich den Tisch abdecken?
Puis-je débarrasser la table ?

Tu avances, confiant, jusqu'à la cuisine avec les assiettes sales et là, problème ! Quatre poubelles de couleurs différentes ! Oups ! Il va falloir que tu demandes des explications :

Wieso habt ihr so viele Mülleimer?
Pourquoi vous avez autant de poubelles ?

Lea vient à ton secours :

Der gelbe Sack ist für Plastik und Produkte mit dem "grünen Punkt".
Le sac jaune, c'est pour le plastique et tout ce qui porte un point vert sur l'emballage.

Der blaue Müll ist für Papier.
La poubelle bleue, c'est pour le papier.

Der braune Müll ist für normalen Müll.
La poubelle marron, c'est pour tout ce qui ne se recycle pas.

Der grüne Müll ist für Bio.
La poubelle verte, c'est pour les restes alimentaires.

Das Glas geht in diesen Korb.
Le verre, tu le mets dans ce panier.

Répète ! Bleu : papier. Vert : bio. Marron : le non-recyclable. Jaune : plastique. Et pour le verre ? Bravo ! Le petit panier. Tu vois, c'est facile !

Encore un doute ?

Wo soll das hin?
Et ça, ça va où ?

der grüne Punkt

Die Küche

Bon, pour aider efficacement tes hôtes, voici un petit rappel de ce que l'on trouve dans une cuisine :

der Herd	la cuisinière
die Herdplatte	la plaque de cuisson
der Backofen	le four
die Mikrowelle	le micro-ondes
die Spüle	l'évier
der Kühlschrank	le réfrigérateur
die Tiefkühltruhe	le congélateur
die Geschirrspülmaschine	le lave-vaisselle

Le petit point de grammaire : woher / wohin / wo

- Si tu parles du lieu d'où tu viens : woher
  Wo kommst du her? ou **Woher kommst du?** D'où viens-tu ?

  On te demande ton origine. Tu répondras :
  Ich komme aus Frankreich. Je viens de France.
  Ich komme aus dem Elsaß. Je viens d'Alsace.

- Si tu parles du lieu où tu vas : wohin
  Wo gehst du hin? ou **Wohin gehst du?** Où vas-tu ?

  Attention aux prépositions pour la réponse :
  Ich gehe nach Hause. (à la maison)
  Ich gehe ins Kino. (au cinéma)
  Ich gehe ins Bett. (au lit)
  Ich gehe in die Schule. (à l'école)
  Ich gehe zum Bahnhof. (à la gare)

- Si tu parles du lieu où tu es : wo
  Wo bist du ? Où es-tu ?

  Attention aux prépositions pour la réponse :
  Ich bin zu Hause. Je suis à la maison.
  Ich bin in Deutschland. Je suis en Allemagne.
  Ich bin bei einem Freund. Je suis chez un ami.

Was zu Essen?

der Toaster	le grille-pain
der Schrank	le placard
die Schublade	le tiroir
der Tisch	la table
der Stuhl	la chaise

Et puis, qu'est-ce qu'il y dans les placards et les tiroirs ? Voici une petite liste qui te rafraîchira la mémoire :

der Teller	l'assiette
das Messer	le couteau
die Gabel	la fourchette
der Löffel	la cuillère
das Glas	le verre
die Schale	le bol
die Serviette	la serviette
der Topf	la casserole
die Pfanne	la poêle
der Dosenöffner	l'ouvre-boîtes

Tu as vidé les assiettes (dans les bonnes poubelles !), tu peux les ranger dans le lave-vaisselle ou dans l'évier. Tu sais maintenant comment ça s'appelle... Si la vaisselle est lavée à la main, il faudra sécher (abtrocknen) avec le torchon (das Geschirrtuch). Pendant ce temps, Timon et Lea rangent la charcuterie (der Aufschnitt) dans des boîtes plastiques prévues à cet effet et les enfournent dans le réfrigérateur....

Ton esprit vagabonde pendant cette activité passionnante entre toutes, sécher la vaisselle (Geschirr abtrocknen) : vas-tu manger du pain et de la charcuterie à tous les repas ? Ne t'inquiète pas ! Demain, à ton retour de l'école, vers 13 h, tu trouveras un vrai repas chaud sur la table...

der Löffel

das Messer

die Gabel

Les petits pièges à éviter

eine Tasse Kaffee : une tasse de café

eine Kaffeetasse : une tasse à café

Was essen wir zum Mittagessen?

Pour commencer, une petite soupe puis, en plat principal (der Hauptgang), une viande ou un poisson accompagné(e) de légumes, souvent du chou rouge et, toujours, des pommes de terre. Pour finir, un dessert. Tout cela ressemble à ce que tu connais en France mais sais-tu le dire en allemand ?

die Suppe	facile ça... n'oublie pas de prononcer « zoupeu »
das Fleisch	la viande
der Fisch	le poisson
die Kartoffeln	les pommes de terre
der Kohl	le chou
der Rotkohl	le chou rouge
der Rosenkohl	les choux de Bruxelles
der Spinat	les épinards
die Möhren	les carottes
die Erbsen	les petits pois
der Auflauf	le gratin
der Nudelauflauf	le gratin de pâtes

La petite assiette à côté de la grande sert à mettre la salade et non le pain. Ça tombe bien, il n'y a pas de pain ! En tout cas pas de baguette. Si tu veux pousser ta salade, tu demanderas :

Könnte ich ein Stück Brot bekommen?
Pourrais-je avoir un morceau de pain ?

Au dessert, tu auras très souvent droit à une glace ! Hum ! De quoi te faire oublier tout ce chou rouge !

Doucement la glace ! Ce n'est pas parce que tu as laissé ton chou rouge au bord de ton assiette que tu dois engloutir toute la barquette ! Garde une petite place, une agréable surprise t'attend.

La glace !

Les Allemands raffolent de la glace. Les Italiens l'ont bien compris et ont installé un peu partout des Eiscafé (Gelateria, parfois). Dès les mois de mars/avril, les glaciers rentrent d'Italie où ils sont allés se réfugier pour l'hiver et rouvrent leurs échoppes. Impossible, alors, aux Allemands de résister et, bien qu'il ne fasse encore que 3 ou 4 degrés, on peut les voir faire la queue dehors. Imagine un peu l'été !

Kaffee Kuchen

La vaisselle vient à peine d'être rangée que la maîtresse de maison ressort tasses, assiettes et fourchettes à gâteaux...

C'est l'heure tant attendue du Kaffee Kuchen !

Le programme devrait te plaire : on va boire du café en mangeant des gâteaux ! C'est aussi l'occasion de se réunir, et les Allemands aiment partager ce moment avec des amis ou de la famille.

Installe-toi confortablement et oublie toute idée de régime. Tu as peu mangé à midi et tu vas grignoter ce soir, alors, à la question :

Möchtest du noch ein Stück?
Tu en veux un autre morceau ?

Réponds toujours JA !!! et régale-toi de ces merveilleux gâteaux débordant de crème...

Mais avant, rituel immuable pour les plus jeunes comme pour les plus vieux : Mittagsruhe ! la sieste !!! (On dit que c'est la seule façon de digérer le chou rouge...). Ne t'avise jamais et sous aucun prétexte de téléphoner entre 13 et 15 heures ! C'est le comble de la grossièreté en Allemagne ! En revanche, le soir, tu pourras appeler beaucoup plus tard qu'en France. Enfin, pas après 21 h quand même...

QUIZ Un petit quiz pour terminer !

Comment dirais-tu en allemand : « J'aime beaucoup le persil » ?

- ○ **Ich mag Persil.**
- ○ **Ich mag Petersilie.**

Tu reprendrais bien un peu de café, tu dis :

- ○ **Ich hätte gern noch eine Tasse Kaffee.**
- ○ **Ich hätte gern noch eine Kaffeetasse.**

Müde?

Il n'est que sept heures du soir, le dîner est terminé, la vaisselle faite et rangée ! Tu n'avais pas dîné si tôt depuis ta dernière varicelle ! Que vas-tu bien pouvoir faire de ta soirée ?? Tu pourrais te frotter les yeux, bâiller (gähnen) et t'éclipser discrètement, mais l'idée de te coucher avec les poules te déprime. L'autre option, bien sûr, c'est de passer la soirée en compagnie de ta famille d'accueil. Où se trouve le salon, déjà ?

Das Wohnzimmer

Tu essaies une ou deux portes, et finalement tu entres dans une pièce douillette où tu aperçois un énorme canapé, des livres (die Bücher), un téléviseur, une table basse avec des journaux (die Zeitungen), une cheminée avec une jolie lampe (enfin... tous les goûts sont dans la nature !). Pas de doute, tu es dans le salon ! Lea et Timon sont déjà installés (tu finissais de ranger la vaisselle !).

Darf ich zu euch kommen?
Je peux entrer ?

Sicher doch! Setzt dich hin !
Bien sûr ! Assieds-toi !

Mach es dir gemütlich!
Mets-toi à l'aise !

Ils te montrent le canapé. Les napperons (et les peluches qui sont posées sur le haut des sièges), on les enlève ou on peut s'asseoir dessus ?

Lass uns uns besser kennenlernen

Ah ! Comment dit-on « canapé » déjà ? Allez, un petit rappel de vocabulaire ne peut pas être inutile :

das Wohnzimmer	le salon
das Sofa/die Couch	le canapé
der Sessel	le fauteuil
das Bücherregal	la bibliothèque
die Lampe	la lampe
der Couchtisch	la table basse
der Kamin	la cheminée

Sich besser kennen lernen

Cette première soirée va être l'occasion de mieux vous connaître. Tu aimerais bien savoir ce qui t'attend pendant ton séjour, ce qu'ils ont prévu pour toi. Cela peut aussi être le moment de leur parler de tes goûts, de tes envies. Pose des questions ! La curiosité n'est jamais un vilain défaut quand il s'agit de mieux connaître un pays, une culture. Et puis, cela va te tenir éveillé(e) !

Was ist Tübingen für eine Stadt?
C'est quel type de ville, Tubingue ?

Was werden wir in den kommenden Tagen machen?
Qu'est-ce que nous allons faire ces jours-ci ?

Was gibt es hier zu besichtigen?
Qu'est-ce qu'il y a à visiter ?

Werden wir das Museum besichtigen?
Nous allons visiter le musée ?

Gibt es etwas typisches aus der Region hier?
Qu'est-ce qu'il y a de typique, ici ?

Gibt es traditionelle Feste?
Y a-t-il des fêtes traditionnelles ?

Tübingen

Lea veut en savoir plus sur toi :

Lass uns uns besser kennenlernen

Wie ist die Stadt wo du wohnst?
Comment est la ville où tu habites ?

Es ist eine ruhige Stadt/eine Industriestadt.
C'est une ville calme/industrielle.

Es ist die Hauptstadt.
C'est la capitale.

Es ist ein sehr kleines Dorf.
C'est un tout petit village.

Wohnst du gern in Marseille?
Tu aimes habiter à Marseille ?

Ja, es gibt sehr viel zu tun und ich besuche eine sehr gute Schule.
Oui, il y a beaucoup de choses à faire et je suis dans une bonne école.

Lass uns fernsehen!

Tu as encore mille questions à poser quand les parents Schmidt font irruption dans le salon.

Wir möchten die Nachrichten gucken.
On voudrait voir les infos à la télé.

Timon allume la télé et, heureux hasard, il y a un reportage sur les relations franco-allemandes que tu sais être au beau fixe depuis longtemps. Instinctivement, tu te redresses. En cet instant, dans ce salon, tu représentes la France !! Tu te sens investi(e) d'une vraie mission… et soutenu(e) dans tes efforts linguistiques. Ce séjour a un sens, tu es plus motivé(e) que jamais. Tu peux commencer ta carrière d'ambassadeur/drice par quelques questions qui montreront ton intérêt pour ce pays ami :

Wie groß ist Deutschland?
Quelle est la superficie de l'Allemagne ?

Wie viele Einwohner gibt es in Deutschland?
Il y a combien d'habitants en Allemagne ?

Wann war die Wende?
Quand est-ce que le Mur est tombé ?

Die Berliner Mauer

La construction du célèbre mur de Berlin débute dans la nuit du 12 au 13 août 1961. La DDR (Deutsche Demokratische Republik) tente ainsi de mettre fin à l'exode de ses habitants vers la BRD (Bundesrepublik Deutschland). Le mur sépare physiquement la ville en deux : Berlin-Est et Berlin-Ouest. Sa chute a lieu le 9 novembre 1989, suscitant l'admiration du monde entier et ouvrant la voie à la réunification de l'Allemagne.

Lass uns uns besser kennenlernen

War die Grenze zur DDR sehr weit weg von hier?
La frontière avec l'Allemagne de l'Est passait très loin d'ici ?

Ist Berlin sehr weit weg von hier?
C'est très loin d'ici, Berlin ?

Les Schmidt, d'abord étonnés, répondent avec plaisir à tes questions. Ils sont flattés par l'intérêt que tu manifestes.

Du interessierst dich sehr für die deutsche Geschichte!
Tu t'intéresses beaucoup à l'histoire de l'Allemagne !

Le reportage continue... C'est toujours intéressant de regarder la télévision à l'étranger. On en apprend beaucoup sur le pays, sur ce qui divertit, intéresse ou fait rire ses habitants. On retrouve parfois les mêmes publicités, les mêmes émissions de jeu ou les mêmes émissions tout court, mais c'est forcément différent et instructif. Allez, pour une fois, tu as le droit de regarder un peu la télé (fernsehen) ! Au fait, qu'est-ce que tu aimes regarder ?

Was guckst du am liebsten im Fernsehen?
Qu'aimes-tu regarder à la télévision ?

Was ist deine Lieblingssendung?
Quelle est ton émission préférée ?

Ich gucke gern...
J'aime regarder...

der Film	le film
die Nachrichten	les informations
die Serien	les séries
die Werbung	la publicité
die Dokumentarfilme	les documentaires
die Quizshows	les émissions de jeu
die Reality Shows	les émissions de télé-réalité

Lass uns einen Film gucken!

On va sûrement te demander quel genre de films tu aimes : tu vas devoir rassembler tes connaissances, tant cinématographiques que linguistiques ! On va t'aider :

Was für Filme magst du?
Quel genre de films aimes-tu ?

Ich mag/ich mag nicht...
J'aime/je n'aime pas...

Ich hasse...
Je ne supporte pas...

die Komödien	les comédies
die Liebeskomödien	les comédies romantiques
die Thriller	les thrillers
die Actionfilme	les films d'action
die Horrorfilme	les films d'horreur
die Trickfilme	les dessins animés
die Dramen	les drames
die historischen Dramen	les drames historiques
die 3D- Filme	les films en 3D
die Science-Fiction Filme	la science-fiction
die Krimis	les films policiers

Te sens-tu capable de tenir une conversation sur tes goûts en matière de cinéma, le premier soir ? Pourquoi pas ?

Mögt ihr/mögen Sie Actionfilme?
Aimez-vous les films d'action ?

Worum handelt es sich?
De quoi est-ce que ça parle ?

Es handelt sich um...
Il s'agit de...

Die Geschichte findet statt in/im...
Ça se passe à/en...

Les petits pièges à éviter

Attention !

Ich interessiere mich für etwas.

Je m'intéresse à quelque chose.

TV et radio

Il faut savoir que chaque Land a ses émissions et chaines. Ainsi NDR (Nord Deutscher Rundfunk) sera pour le Nord (tu l'auras deviné !). Et West Deutscher Rundfunk alors ?

L'expression qui sauve
La plupart des émissions sont sous-titrées pour les malentendants. Quand tu regardes la télévision ou un DVD avec ta famille d'accueil, demande-leur de mettre les sous-titres, cela t'aidera à comprendre les dialogues : **könnte ich die Untertitel sehen?**

Ich habe den Titel vergessen.
J'ai oublié le titre.

Vous pouvez aussi parler des films que vous avez vus à la télé ou loués en DVD :

Haben Sie/habt ihr den letzten Sherlock Holmes gemocht?
Avez-vous aimé le dernier Sherlock Holmes ?

Haben Sie/habt ihr "Mission Impossible" gesehen?
Avez-vous vu « Mission Impossible » ?

Ich fand den Film langweilig/zu lang.
Je l'ai trouvé ennuyeux/trop long.

Ich mag diesen Schauspieler nicht.
Je n'aime pas cet acteur.

Sie ist meine Lieblingsschauspielerin.
C'est mon actrice préférée.

Wollen wir spielen?

À la fin des infos, Timon s'empare de la télécommande (die Fernbedienung) et zappe (zappen) fiévreusement :

Was möchtest du lieber sehen?
Qu'est-ce que tu veux voir ?

Mais, comme en France, il n'y a parfois (souvent ?) rien à la télé. Dans ce cas, pourquoi ne pas faire un jeu ? Tu peux toujours proposer l'idée :

Wollen wir etwas spielen?
Et si on jouait à un jeu ?

Was haben Sie/habt ihr für Spiele?
Quels jeux avez-vous ?

Ich kenne die Regeln nicht.
Je ne connais pas les règles.

Können Sie/Könnt ihr mir zeigen, wie man spielt?
Vous pouvez m'apprendre à y jouer ?

Faisons un peu de cinéma…

On ne peut bien sûr pas parler du cinéma allemand sans évoquer la Berlinale ou Festival international du film de Berlin (Internationale Filmfestspiele Berlin). Cet évènement cinématographique, créé en 1951, se tient chaque année début février à Berlin et récompense le meilleur film avec un ours d'or, l'ours étant l'emblème de la ville de Berlin.

Il n'est pas possible non plus de parler du cinéma allemand sans évoquer les studios de Babelsberg, qui se trouvent à côté de Berlin (tu peux jeter un coup d'œil à leur site si tu veux : http://www.studiobabelsberg.com).

Sans prétendre dresser un panorama complet du septième art en Allemagne, on peut cependant citer quelques films contemporains qu'il faut peut-être avoir vus si l'on s'intéresse un peu à l'Allemagne, à sa culture et à son histoire.

Tu connais déjà bien sûr le film culte Good Bye Lenin!, le must pour ceux qui souffrent d'Ostalgie, comme disent les Allemands, c'est-à-dire de nostalgie pour la vie dans l'ex-DDR (tu sais ce que c'est, n'est-ce pas ??). Un autre film célèbre sorti récemment : Der Untergang (« La Chute »), qui raconte les derniers jours d'Adolf Hitler, ou encore Das Leben der anderen (« La Vie des autres ») qui a reçu l'oscar du meilleur film en langue étrangère en 2006.

On peut aussi recommander Keinohrhasen, littéralement traduit : un lapin sans oreilles. Comédie romantique de et avec Til Schweiger dans le rôle principal, qui a fait rire toute l'Allemagne en 2007.

Et, last but not least, on a envie de te conseiller tous les films de notre cinéaste allemand préféré : Fatih Akin. Tu vas pleurer devant l'histoire d'amour du road movie Im Juli (« Julie en juillet ») ou rire et t'émouvoir dans le restaurant un peu bohème de Soul Kitchen à Hambourg.

Allez, bon film !

Lass uns Monopoly spielen!
Jouons au Monopoly® !

Könnten wir Wii spielen?
Est-ce qu'on peut jouer à la Wii® ?

Et voici quelques idées…

Karten spielen jouer aux cartes

Schach spielen jouer aux échecs

Dame spielen jouer aux dames

Et voilà : tu as dévalisé tes hôtes en raflant Schloßallee et Parkstraße, les rues les plus chères du Monopoly® allemand. Ils te proposent une partie de Scrabble® ? Ils veulent se venger ! Refuse poliment, tu n'as pas assez de vocabulaire encore, attends la fin de ton séjour.

Gute Nacht!

Pas mal pour une première soirée. Tu es épuisé(e) mais tu t'en es plutôt bien sorti(e). Tu mérites d'aller enfin te coucher et mettre au repos ton pauvre cerveau qui commence à sentir le roussi. Il est temps de dire bonsoir. Et souviens-toi de n'embrasser personne !

Gute Nacht dann.
Bonne nuit alors.

Schlaf schön!
Dors bien !

Träume süß!
Fais de beaux rêves !

Bis morgen…
À demain…

Wismar

Tu sais que si on ne te réveille pas tu pourrais dormir (verschlafen) deux jours d'affilée. Pas question, cependant, de louper le petit déj !

Könnten Sie mich morgen wecken?
Vous pourriez me réveiller demain ?

Ich möchte mit Lea und Timon frühstücken.
Je voudrais prendre le petit déjeuner avec Lea et Timon.

Um wie viel Uhr wollen wir morgen frühstücken?
À quelle heure on prend le petit déjeuner demain ?

Um sieben, wie gewöhnlich.
À sept heures comme d'habitude.

QUIZ Un petit quiz pour terminer !

Trouve l'intrus :

- ○ **Kino**
- ○ **Fernseher**
- ○ **Film**
- ○ **Bett**
- ○ **Krimi**
- ○ **DVD**

Comment dis-tu en allemand
« Je m'intéresse beaucoup à l'histoire de l'Allemagne » ?

....

Comment dis-tu en allemand « J'aime beaucoup les films policiers » ?

- ○ **Ich liebe Krimis.**
- ○ **Ich liebe fernsehen.**
- ○ **Ich liebe DVDS.**

6

Aufstehen!!

Tu entends des bruits dans la maison, une odeur de café et de pain grillé vient te chatouiller les narines. Pourtant, il fait encore nuit noire et... un peu froid.

Tu ne rêves pas !

La journée vient bel et bien de commencer. Ça y est, tu t'en souviens ! Le séjour linguistique en Allemagne !! C'est l'énorme couette (die Bettdecke) sous laquelle tu tentes désespérément de rassembler tes esprits qui vient de te le rappeler. Et comme pour te le confirmer, on toque justement à ta porte et t'arrivent, un peu ouatés, des sons qu'il te semble avoir déjà entendus en cours d'allemand.

Aufstehen!

Il va falloir t'extirper des plumes (aus den Federn kommen), comme ils disent, pour aller prendre ton petit déjeuner, adresser un Guten Morgen! convivial à la famille déjà réunie autour de la table et répondre à des questions du genre :

Hast du gut geschlafen? ou
Na, ausgeschlafen?

Pas de panique, ils s'inquiètent simplement de savoir si tu as bien dormi. Réponds simplement :

Sehr gut, danke.
Très bien, merci.

Wie ein Stein, vielen Dank.
Comme une souche, merci beaucoup.

Ou, si tu n'as pas fermé l'œil :

Nicht so gut.
Pas très bien.

Ich bin noch etwas müde.
Je suis encore un peu fatigué(e).

Ich konnte nicht so schnell einschlafen.
J'ai eu du mal à m'endormir.

Aber das Schlafzimmer ist sehr gemütlich!!
Mais la chambre est très agréable !!

Das Frühstück

C'est maintenant qu'arrive la question que tu redoutes tant :

Was möchtest du zum Frühstück?
Que prends-tu au petit déjeuner ?

Si tu comptais faire l'impasse sur ce moment-là et te contenter d'un café (ein Kaffee) ou d'un chocolat chaud (eine heiße Schokolade) avant de sauter dans ton jean... C'EST RATÉ !!!

Le petit déjeuner est un moment très important de la vie en Allemagne, et les Allemands y consacrent beaucoup plus de temps que les Français.

Si l'éventail de charcuteries (der Aufschnitt) et de pâtés (die Leberwurst) te soulève un peu le cœur de si bon matin, que tu ne supportes pas le pain complet (das Vollkornbrot) et que la confiture (die Marmelade) ne fait pas partie du programme minceur attaqué juste avant de partir, tu pourras toujours te rabattre sur les céréales (die Cerealien), disponibles dans quasi tous les foyers allemands, avec un peu de lait (mit Milch) et y rajouter même un peu de chocolat (und etwas Schokolade).

Könnte ich bitte eine Schüssel Cornflakes mit Milch und Schokolade bekommen?
Pourrais-je avoir des céréales avec du lait et du chocolat ?

On s'habille !

Malgré les frimas matinaux, tu devras quitter plus tôt ta couette pour avoir le temps de t'habiller avant de passer à table. Les Allemands ne prennent pas leur petit déjeuner en pyjama !

Pour la petite histoire...

Les Allemands sont les plus grands producteurs et consommateurs de pain d'Europe. C'est en Allemagne donc que tu en trouveras la plus grande variété.

Le pain pourra avoir différentes formes et sera fabriqué avec toutes les farines possibles et imaginables en allant de la plus légère à la plus complète.

Les autres types de pain, de forme allongée en général, seront, eux aussi, souvent recouverts de graines diverses et débités en tranches (der Aufschnitt). Selon la farine dont ils sont faits, ils accompagneront différentes sortes de charcuteries et de fromages.

Das Brötchen, petit pain rond que le boulanger s'amuse, pour notre plus grand plaisir, à rouler dans toutes sortes de graines : pavot (der Mohn) ou tournesol (die Sonnenblumenkerne), pour ne citer que les plus courantes. Il sera consommé au petit déjeuner et plus particulièrement le dimanche.

Le pain blanc (das Weißbrot) est très peu consommé en Allemagne.

Les Allemands lui préfèrent son frère plus complet, le Vollkornbrot.

D'une manière générale, plus le pain est complet plus il sera consommé tard dans la journée.

Mais c'est là un autre chapitre...

Es ist Zeit für's Frühstück

D'autres phrases méga-utiles :

Ich hätte gern ein paar Scheiben Toastbrot.
J'aimerais bien quelques toasts.

Ich liebe Nutella.
J'adore le Nutella.

Könnte ich die Butter haben, bitte?
Puis-je avoir le beurre, s'il vous plaît ?

Können Sie mir die Marmelade reichen, bitte?
Pouvez-vous me passer la confiture, s'il vous plaît ?

Si tu as l'habitude de petits déjeuners pantagruéliques, tu es ici chez toi (wie Gott in Frankreich, comme se plaisent à dire nos cousins Germains lorsque tout va très bien), et tu peux t'en donner à cœur joie. Garde à l'esprit que le prochain repas n'aura pas lieu avant 14 h, à la sortie de l'école !!! Ne cherche pas les assiettes, mais prends en souriant la petite planche en bois (das Brettchen) que l'on te tend cordialement, c'est là-dessus que tu devras tartiner ton pain de beurre (die Butter) ou de Nutella (à prononcer NOUTELLLLA).

Dein erster Tag in Deutschland!

Ta première journée en Allemagne ! Pendant ce petit déjeuner fort convivial, les membres de ta famille d'accueil (deine Gastgeber) ne manqueront pas de s'intéresser de très près à ton programme de la journée.

Le petit point de grammaire : kein / nicht

Kein s'emploie avec le nom dans la phrase négative en allemand :

Ich möchte kein Brot. Je ne veux pas de pain.
Ich trinke keine Milch. Je ne bois pas de lait.

Nicht lui s'emploie avec le verbe et les adjectifs :

Ich möchte nicht mehr essen. Je ne veux plus manger.
Meine Milch ist nicht warm. Mon lait n'est pas chaud.

Es ist Zeit für's Frühstück

Was hast du heute vor?
Que vas-tu faire aujourd'hui ?

Wann hast du Schluss?
À quelle heure finis-tu ?

Wann kommst du zurück?
À quelle heure comptes-tu être de retour ?

Même si tu n'es pas du matin (ein Morgenmuffel), souris et réponds gentiment :

Ich möchte die Stadt besichtigen.
Je voudrais visiter la ville.

Ich habe um 13 Uhr Schluss.
Je finis à 13 h.

Ich werde um 15 Uhr zurück sein.
Je serai de retour à 15 h.

Ich möchte zum Supermarkt.
Je voudrais aller au supermarché.

Et là, ne t'étonne pas de voir chaque membre de la famille remplir consciencieusement, tout en bavardant, une petite boîte en plastique (die Brotdose) de carottes (Karotten, Möhren) et de poivrons (Paprika) crus mais aussi de tranches de pain recouvertes de pâté et de différentes charcuteries. Son contenu sera dévoré lors du deuxième petit déjeuner (das Frühstück) qui a lieu, lui, à 9 h 30, lors de la Pause à laquelle ne renoncerait aucun Allemand digne de ce nom.

Pour t'aider à remplir ta Brotdose :

die Kekse	les biscuits
der Schokoriegel	la barre chocolatée
der Yogurt	le yaourt
die Stulle	la tranche de pain recouverte de pâté ou de charcuterie

Si tu préfères les fruits :

der Apfel	la pomme
die Trauben	les raisins

OUPS!!!! Katastrophe!

Tu viens de recouvrir amoureusement ta tartine de pain très complet d'une épaisse couche de Nutella et tu t'apprêtes à la porter à ta bouche avec gourmandise, lorsque, pour une raison que tu ignores encore, elle t'échappe des mains et vient s'écraser, comme tu t'y attendais... du côté tartiné !

Dans ta confusion, tu entends quand même la maîtresse de maison dire :

Ist nicht schlimm!
Ce n'est pas grave !

Toi, tu cherches toujours tes mots...

Retiens cette phrase, elle te servira en maintes occasions :

Es tut mir wirklich leid!!
Je suis vraiment désolé(e) !!

QUIZ Un petit quiz pour terminer !

Retrouve ce que tu ne vas pas mettre dans ta Brotdose :

- ○ der Paprika
- ○ das Brot
- ○ die Möhren
- ○ der Apfel
- ○ die Hose

Comment dirais-tu en allemand « Je n'ai plus faim » ?

- ○ Ich habe keinen Hunger mehr.
- ○ Ich habe nicht kein Hunger.
- ○ Ich habe nicht Hunger.

7

Hab einen schönen Tag!

Les feux de circulation

En Allemagne comme en France les feux (die Ampel) sont de trois couleurs : rouge, orange et vert. Méfie-toi ! Traverser au feu rouge (bei Rot über die Straße gehen) est strictement interdit...

De même que traverser en dehors des passages piétons (der Zebrastreifen) est très très mal vu !

rotes Ampelmännchen

Aujourd'hui, au programme... école... Tous tes copains en France sont en vacances et toi, tu vas à l'école... Super, vraiment super ! Non seulement tu dois parler allemand toute la journée, mais en plus tu te retrouves à l'école... Où est-elle ? Comment y aller ? Aucune idée ! Merci les parents de t'envoyer en classe, à l'autre bout du monde (ouais, bon, n'exagère pas non plus !), pendant TES vacances ! Allez ! Arrête de râler ! Tu vas très bien t'en sortir. Mais il va falloir demander de l'aide. Non ! Ne parle pas la bouche pleine ! Pose ton Brot au Nutella, il ne va pas s'envoler... Madame Schmidt veut justement savoir ce que tu comptes faire aujourd'hui :

Was hast du heute vor?
Qu'est-ce que tu vas faire aujourd'hui ?

Heute muss ich zur Schule!
Aujourd'hui je dois aller à l'école !

Aber ich weiß nicht wie!
Mais je ne sais pas comment !

Gibt es einen Bus?
Y a-t-il un bus ?

Sicher ! Die 110 fährt zur Schule.
Bien sûr ! Le 110 va à l'école.

Génial ! Et on le prend où le 110 ?

Wo ist die Bushaltestelle?
Il est où, l'arrêt ?

Es ist ganz einfach!
C'est très simple.

Wenn du aus dem Haus gehst...
Quand tu sors de la maison...

... biegst du in die erste Straße links ein.
... tu prends la première rue à gauche.

Wie komme ich in die Schule!

Dann gehst du ungefähr 100 Meter.
Tu marches à peu près 100 mètres.

Dann nimmst du die erste Straße rechts.
Là, tu prends la première à droite.

Die Bushaltestelle ist direkt vor dir.
Tu tombes sur l'arrêt du bus.

Tu n'as aucun sens de l'orientation et tu n'as pas tout compris, ça promet... Madame Schmidt, qui n'est pas un monstre, a décidé de t'aider...

Mach dir keinen Kopf.
Ne t'en fais pas.

Lea und Timon nehmen diesen Bus auch.
Lea et Timon prennent aussi ce bus.

Ihr werdet zusammen fahren.
Vous irez ensemble.

Ouf !!! Tu te voyais déjà marchant des heures, abandonné(e), trouvant enfin l'arrêt de bus... longtemps après le passage du dernier... Soulagement de courte durée... Madame Schmidt ajoute :

Du wirst aber vielleicht allein zurück fahren müssen.
Mais il faudra peut-être que tu rentres seul(e).

Ich weiß nicht, ob ihr gleichzeitig Schluss habt.
Je ne sais pas si vous finissez en même temps.

Um wie viel Uhr hast du Schluss?
À quelle heure tu finis, toi ?

Le petit point de grammaire

Certains verbes en allemand sont suivis d'une préposition qui demande parfois l'accusatif, parfois le datif, parfois le génitif. Tu t'en souviens ?

Allez, on t'aide un peu.

- Datif : les verbes suivis des prépositions : aus, bei, mit, nach, seit, von, zu.
- Accusatif : durch, für, gegen, ohne, um.
- Parfois le datif, parfois l'accusatif (ça dépend de la direction, souviens-toi !) : an, auf, hinter, in, neben, über, unter, vor, zwischen.
- Génitif : trotz, während, wegen.

Wie komme ich in die Schule!

Ich habe um halb zwei Schluss.
Je finis à une heure et demie.

Gut! Ich frage Timon und Lea.
Bien ! Je demande à Timon et Lea.

Ce n'est pas gagné ! Tu croises les doigts pour faire la route avec Timon et Lea (au moins aujourd'hui !). Tu vas prendre des repères et mémoriser le chemin. En dernier recours, cherche dans ton dictionnaire comment dire : « Envoyez les secours si je ne suis pas rentré(e) à minuit » !

Tu t'inquiètes vraiment pour rien, c'est bien plus facile que tu ne le crois.

Ich nehme den Bus oder die U-Bahn

Tu dois repérer des grands poteaux avec une lettre dessus :

H vert = station de bus

U bleu = station de métro.

S vert = station de RER (S-Bahn).

Difficile de faire plus simple, encore faut-il ensuite prendre la bonne direction... Demande aux gens qui attendent, cela t'évitera de refaire la moitié de la ligne en sens inverse.

Fährt der Bus/die U-Bahn nach...?
Ce bus/métro va bien dans la direction de... ?

Nein. Sie müssen auf die andere Straßenseite!
Ah non. Il faut le prendre en face !

Wo kann ich die nächste Bushaltestelle/ U-Bahnstation finden?
Où puis-je trouver la station de bus/métro la plus proche ?

Entschuldigung, ich suche die Damaschkestraße.
Excusez-moi, je cherche la rue de Damaschke.

Wie komme ich in die Schule!

Entschuldigen Sie bitte, ist die Hausnummer 70 in dieser Richtung?
Excusez-moi s'il vous plaît, le numéro 70 est bien dans cette direction ?

Entschuldigung, ich möchte bei der Haltestelle Jungfernstieg aussteigen.
Excusez-moi, je voudrais descendre à l'arrêt Jungfernstieg.

Könnten Sie mir sagen, wann wir da sind?
Pourriez-vous me dire où il faut descendre ?

À moins de t'endormir aussitôt assis, tu devrais t'en sortir : les stations sont annoncées dans le bus comme dans le métro et tu peux toujours suivre ton trajet sur un plan.

N'oublie pas d'acheter ton ticket (si tu vois ce que je veux dire...) !

Le conducteur de bus (der Busfahrer) peut te vendre un ticket (der Fahrschein). Tu devras lui donner ta destination car le prix varie en fonction de la distance. L'aller et retour (hin und zurück) est en général moins cher que deux billets achetés séparément.

Le ticket de métro peut s'acheter à l'unité (das Einzelticket), à la semaine (die Wochenkarte), au mois (die Monatskarte). Si tu as l'intention de sillonner la région en bus il vaut mieux prendre la Wochenkarte, plus économique.

Das Wetter

Le temps est capricieux en Allemagne, sache-le ! Si tu sors sans avoir daigné jeter le moindre regard sur les bulletins météo (der Wetterbericht), tu vas passer beaucoup de temps dans les abribus... à attendre que la pluie s'arrête. Prends ton « Guide de survie », au moins tu auras de la lecture...

Die Wuppertaler Schwebebahn

Si tu vas à Wuppertal, tu pourras admirer une sorte de métro très rigolo qui semble rouler la tête en bas... die Schwebebahn. Il est en fait suspendu à un seul rail et c'est le plus ancien monorail au monde (1900). Sinon, tu peux voir le film Pina de Wim Wenders pour voir ce que c'est. À ne pas rater !

Wie komme ich in die Schule!

Justement, qu'est-ce qu'il raconte monsieur Météo ?

Es schneit.
Il neige.

Es regnet.
Il pleut.

Es ist windig.
Il y a du vent.

Die Sonne scheint.
Il fait soleil.

Es nieselt.
Il bruine.

Es graupelt.
Il tombe un mélange de grêle et de neige.

Es hagelt.
Il grêle.

Es ist glatt.
Il y a du verglas.

Es ist bewölkt.
Le temps est couvert.

Et si monsieur Météo te promet der Blitzregen (la pluie verglaçante), évite de sortir, tout simplement...

Tu peux remercier ta mère d'avoir tout prévu et d'avoir mis dans ta valise des vêtements et des chaussures pour le froid, la pluie, la neige (on est en août, et alors ?). Oublie la mode et, pour une fois, habille-toi en fonction du temps. Tu vas vite te rendre compte que les Allemands préfèrent le confort à l'élégance, alors, pas de complexe, sors ton gros pull, ton ciré et tes pataugas. Toi qui claques des dents tous les étés sur une plage bretonne depuis ton plus jeune âge... ce n'est quand même pas une petite pluie allemande qui va te faire peur !

Wie ist das Wetter heute?
Comment est le temps aujourd'hui ?

Wie wird das Wetter morgen?
Comment sera le temps demain ?

Es regnet ! Nimm einen Regenschirm mit!
Il pleut ! Prends un parapluie !

Es ist saukalt ! Zieh eine warme Jacke an!
Il fait un froid de loup ! Mets une veste chaude !

Si tu entends ça dans la bouche d'un Allemand, c'est qu'il fait VRAIMENT froid ! Sors de ta valise tout ce que tu as de plus chaud ! Mets plusieurs couches, empile, superpose !

Si, au contraire, on te dit...

Es ist sehr warm!
Il fait très chaud !

... ne te réjouis pas forcément et prends quand même une petite laine... Ici, tout est relatif !

N'oublions pas le basique :

Mir ist warm.
J'ai chaud.

Mir ist kalt.
J'ai froid.

Ça serait trop bête d'être malade au moment d'aller à l'école !

Wie spät ist es?

Wie spät ist es?
Quelle heure est-il ?

Es ist sieben Uhr.
Il est sept heures.

Es ist viertel nach sieben.
Il est sept heures et quart.

Es ist fünf vor halb acht.
Il est sept heures vingt-cinq.

Es ist zwanzig vor acht.
Il est huit heures moins vingt.

Berlin

Wie komme ich in die Schule!

Jusqu'ici pas de problème.

C'est maintenant qu'il faut faire attention :

Es ist halb acht.
Il est sept heures et demie.

Autrement dit, c'est la moitié de huit ! Les Allemands parlent, eux, déjà de l'heure suivante !

Pour être sûr de ne pas se tromper, on peut dire aussi :

Es ist sieben Uhr dreißig.
Il est sept heures trente.

On évite ainsi, nous Français, d'arriver une heure trop tard au rendez-vous. Déjà qu'on a la réputation d'être toujours en retard !

QUIZ Un petit quiz pour terminer !

Tu donnes rendez-vous à 6 heures et demie, tu dis :

- ○ **Wir treffen uns um halb sechs.**
- ○ **Wir treffen uns um halb sieben.**
- ○ **Wir treffen uns um sieben Uhr dreißig.**

Comment dis-tu « J'ai froid » en allemand ?

....

Tu cherches la station de bus la plus proche. Que demandes-tu ?

....

Tu as complètement raté den Wetterbericht et tu voudrais savoir quel temps il fera demain. Que demandes-tu ?

....

In der Schule

Premier jour d'école ! Tu penses à tes copains, en vacances, eux !! Tu t'angoisses. Tu es sûr(e) de ne rien comprendre à l'avalanche de questions qui va te tomber dessus ! Ne t'en fais pas, tout se passera bien. Toute l'école va être ravie d'accueillir un étranger (der Ausländer). Ce n'est pas si fréquent, après tout ! Le prof va sûrement laisser tomber le programme pour parler des différences culturelles entre la France et l'Allemagne (die interkulturellen Unterschiede). Il ne manquera pas de te faire intervenir pendant le cours de français, et comme tu vas répondre à leur place, les élèves vont t'adorer. Succès garanti !

Ab in die Schule

À ton arrivée, l'aspect des bâtiments va te surprendre. La cour (der Schulhof) est complètement ouverte sur l'extérieur. Pas de portail, pas de grilles. On peut entrer et sortir comme on veut. Déroutant ! Mais alors, cela voudrait-il dire qu'en France, si les enfants n'étaient pas enfermés derrière de hautes murailles, ils profiteraient des récréations pour s'échapper ? Ici, tu as la preuve du contraire. Non seulement personne ne part en courant, mais ils reviennent même le lendemain !!

Tu seras sans doute aussi surpris(e) par l'opulence et la modernité des écoles : salle de musique (der Musikraum), salle des profs (das Lehrerzimmer), même une vraie salle de sports (die Turnhalle). Encore plus étonnant, tu verras que la recherche du bien-être des élèves est une vraie préoccupation.

Gemütlichkeit (bis)

Tu te souviens du chapitre 2 quand tu as découvert la Gemütlichkeit allemande, ce sentiment de bien-être que l'on ressent dans un endroit familier et intime... ? L'école, un lieu familier et intime ? Vas-tu soupirer d'aise en franchissant la porte de la classe (das Klassenzimmer) ? Eh bien ici, c'est possible ! Les salles de classe se doivent d'être gemütlich. Elles sont donc décorées, il faut qu'on s'y sente bien. Très souvent, avant d'entrer, les enfants quittent leurs chaussures pour mettre des chaussons (die Hausschuhe). Le calendrier des anniversaires tient une place importante, nous verrons ça plus loin. Pendant la période de l'Avent, on allume les bougies de la couronne. En cas de pluie, le deuxième Frühstück se prend dans la classe. Cela s'appelle la « récréation de pluie » (die Regenpause). En France, même quand il pleut, il serait plutôt mal vu de laisser traîner son sandwich au saucisson à côté de ses cahiers...

Das Klassenzimmer

Le matériel pédagogique utilisé est aussi des plus modernes. Il n'est pas rare de voir des salles de classe équipées de tableaux interactifs. On parle même aujourd'hui d'équiper les élèves d'Ipad. Le tableau noir est toujours présent mais, fixé sur des rails, il peut monter ou descendre en fonction des explications de son utilisateur. Sinon, pas de grandes différences avec ta classe :

die Tafel	le tableau
die Kreide	la craie
der Schwamm	l'éponge
der Schreibtisch	le pupitre
der Tisch	la table

Dein erster Tag in der Schule

der Stuhl	la chaise
die Uhr	l'horloge

Très importante, l'horloge, pour surveiller l'heure de la récré ! D'ailleurs ne t'attends pas à une sonnerie stridente, comme si on voulait te réveiller. Ici on ne dort pas en cours. On y prend plaisir ! Es macht Spaß ! La douce musique que tu entends c'est Mozart ou Bach ? Tu demanderas au prof de musique tout à l'heure. Pour le moment range tes affaires et sors, c'est le signal de la récré !

Pas de grandes différences non plus côté cartable :

der Schulranzen	le cartable
das Buch	le livre
das Heft	le cahier
die Papierblätter	les feuilles
das Wörterbuch	le dictionnaire
das Lineal	la règle
die Federtasche	la trousse

Dans la trousse de tes camarades allemands, il devrait y avoir à peu près la même chose que dans la tienne :

der Bleistift	le crayon à papier
der Radiergummi	la gomme
der Kugelschreiber	le stylo
der Füller	le stylo à plume
der Tintenkiller	l'effaceur
die Buntstifte	les crayons de couleur
die Filzstifte	les feutres

On trouve souvent au sein de l'école une petite cafétéria où les enfants peuvent aller s'acheter de quoi manger ou boire. En revanche, pas de cantine puisque les cours s'arrêtent au plus tard à 13 h 10. Mais ceci est en train de changer et

de plus en plus d'écoles proposent une journée complète. L'heure de cours est également plus courte : 45 minutes contre 60 en France.

Tu as tout ce qu'il faut pour travailler. Par quelle matière vas-tu commencer ?

Mathe	les maths
Sprachen	les langues
Erdkunde	la géographie
Naturwissenschaften	les sciences
Geschichte	l'histoire

Der Kindergarten

À partir de l'âge de 3 ans, le petit Allemand fréquente le jardin d'enfants (der Kindergarten), qui n'a rien à voir avec la maternelle française. Il y apprend surtout l'autonomie (savoir mettre son manteau, attacher ses lacets, enfiler ses bottes) ainsi que la sociabilité (savoir partager le bac à sable sans s'écharper avec ses petits camarades). Il devra attendre d'avoir 6 ans révolus pour aller à l'école primaire (die Grundschule).

Die Grundschule

L'entrée à la Grundschule (littéralement, « école de base ») est un moment très important pour l'enfant mais aussi pour toute la famille. Elle va donner lieu à une grande fête : die Einschulung. Intraduisible en français, la Einschulung est ce moment si particulier pour tous les enfants du monde : « le premier jour à la grande école » ! C'est en général un samedi afin que toute la famille puisse être présente. Elle commence par un service à l'église (der Gottesdienst) où se mêlent sketches, chansons, rires et applaudissements.

Dein erster Tag in der Schule

Des centaines de photos sont prises. Puis le cortège se rend à l'école où « les anciens » ont, à leur tour, préparé sketches et chansons en l'honneur des nouveaux. Ces derniers attendent avec impatience die Schultüte. Encore une fois intraduisible en français, la Schultüte est un immense cornet décoré et rempli par les parents, dans le plus grand secret, de friandises diverses et de petits cadeaux en relation avec l'école : gommes en forme de dinosaures, crayons magiques...

À partir de ce moment-là, les choses sérieuses commencent :

die erste Klasse	le CP
die zweite Klasse	le CE1
die dritte Klasse	le CE2
die vierte Klasse	le CM1

die Schultüte

Welche Klasse?

Le CM2 (die fünfte Klasse) ne se prépare pas à l'école primaire et l'enfant allemand est déjà orienté en fonction de ses résultats vers die Hauptschule (formation pratique), die Realschule (matières générales et techniques) ou das Gymnasium. C'est au Gymnasium (le lycée) que se prépare le bac (das Abitur).

Oberschule
À partir de la rentrée 2012, la Hauptschule et la Realschule sont remplacées par la Oberschule.

Quitter l'école primaire à l'issue de la vierte Klasse (CM1), est l'occasion d'une nouvelle fête à l'église.

Maintenant que tu sais tout à propos du système scolaire allemand, tu pourras demander à Lea et Timon en quelle classe ils se trouvent et quelle école ils fréquentent :

In welcher Klasse bist du?
En quelle classe es-tu ?
Gehst du auf die Hauptschule, die Realschule oder auf das Gymnasium?

In welcher Klasse bist du?

Dein erster Tag in der Schule

Tu vas à la Hauptschule, à la Realschule ou au lycée ?

Voilà une petite liste de vocabulaire pour t'aider à survivre à ton premier jour d'école :

der Lehrer	le professeur
die Lehrerin	la professeure
das Fach	la matière
der Unterricht	le cours
der Hof	la cour
die Pause	la récréation
der Klassenraum	la salle de classe
die Klingel	la sonnerie

Bonne nouvelle, inutile de démarrer en trombe à la sonnerie pour trouver le lieu de ton prochain cours : ce sont les profs qui changent de salle ! Un souci de moins !

der Kunstunterricht	le cours d'arts plastiques
der Sportunterricht	le cours de sport
die Turnhalle	le gymnase
der Musikunterricht	le cours de musique
der Chor	le cours de chant

Si tu as une panne d'oreiller (tu es en vacances après tout !), ne l'avoue surtout pas ! Il vaut mieux dire :

Entschuldigen Sie bitte die Verspätung.
Excusez mon retard, s'il vous plaît.

Der Bus war nicht pünktlich.
Le bus était en retard.

Ich bin mit dem Fahrrad gestürzt.
Je suis tombé(e) de vélo.

Ich habe mich verfahren.
Je me suis trompé(e) de chemin.

Pense à dire au prof à la fin de l'heure que son cours était intéressant... D'ailleurs tu l'appelleras Herr X ou Frau Y.

Ponctualité !!!
La ponctualité reste en Allemagne la politesse des rois et il est bien sûr très mal vu d'arriver en retard en cours même avec une excuse super valable. Sois vigilant et ne rate pas la sonnerie indiquant la reprise des cours.

Dein erster Tag in der Schule

Der Unterricht war sehr interessant.
Le cours était très intéressant.

Ich habe sehr viel gelernt.
J'ai appris beaucoup de choses.

Ich freue mich auf die nächste Stunde.
J'ai hâte de suivre votre prochain cours.

Die Ferien

Après cette journée d'école tu te dis que, finalement, la prochaine fois, tu viendrais bien pendant les vacances scolaires allemandes... Renseigne-toi :

Wann habt ihr Ferien?
Vous êtes quand en vacances ?

Les dates ne sont pas forcément les mêmes qu'en France :

die Herbstferien	les vacances d'octobre
die Weinnachtsferien	les vacances de Noël
die Osterferien	les vacances de Pâques
die Sommerferien	les vacances d'été

QUIZ Un petit quiz pour terminer !

Comment s'appelle la fête célébrée lors de la toute première journée de scolarisation d'un enfant allemand ?

- ○ **der Gottesdienst**
- ○ **die Regenpause**
- ○ **die Realschule**
- ○ **die Einschulung**

Quelle est la dernière classe de l'école primaire allemande ?

....

Comment demandes-tu en allemand « En quelle classe es-tu ? »

....

Comment dis-tu en allemand « Je suis en seconde » ?

....

9

Mittagessen

Il est midi et ton petit déjeuner est bien loin ! Cette heure de Sportunterricht t'a carrément mis l'estomac dans les talons (mir hängt der Magen in den Kniekehlen) à moins que ce ne soit l'heure de maths avec tous ces chiffres à l'envers ! Quoi qu'il en soit, tu te mettrais bien quelque chose sous la dent (ich würde gern etwas naschen) et ta Frühstücksdose est désespérément vide !

Es ist Mittagszeit.
C'est l'heure de déjeuner.

Ich verhungere.
Je meurs de faim.

La sonnerie retentit ! Enfin ! Suis la horde d'élèves affamés et tu trouveras la cantine (die Cafeteria). Tu as pris de l'argent ?

Voyons un peu ce que l'on te propose :

Chips	devine ! à prononcer Tchips !
belegtes Brötchen	petit pain garni de charcuterie
ein Stück Pizza	une part de pizza
eine Portion Pommes	une portion de frites

Il y a aussi des plats chauds :

Currywurst und Pommes	saucisse au curry et frites
Hähnchen und Pommes	poulet frites

Décide-toi vite car la pause déjeuner est courte, tu n'as que 45 minutes !

Tu n'auras pas besoin de réclamer le ketchup (der Ketchup) ou la moutarde (der Senf), ils sont à

ta disposition dans des méga-flacons posés juste sous le comptoir (die Theke) où on te servira ton maigre en-cas (der Imbiss) !

Au moins, quand tu rentreras en France, tu vas trouver ta cantine vraiment délicieuse... Dire que tu la critiquais...

Die Frühstücksdose

Tout ce qu'on te propose te semble gras et hors de prix. À ce régime-là, tu ne rentreras bientôt plus dans ton jean et ce n'est vraiment pas à la cantine que tu comptais dépenser ton argent de poche ! Demain, tu demanderas à madame Schmidt de te préparer une seconde Frühstücksdose.

Das Essen in der Schule ist zu teuer.
Acheter à manger à l'école coûte trop cher.

Ich möchte mir eine Frühstücksdose vorbereiten.
J'aimerais me préparer une Frühstücksdose.

Mais tu n'as nulle envie de laisser à madame Schmidt l'entière maîtrise de ta Frühstücksdose. Bravo ! Tu as bien retenu nos conseils et tu vas pouvoir échapper aux morceaux de carottes ou de poivrons crus ! Tu risques aussi de faire des envieux dans la cour ! Tu es prêt(e) à partager ?

Isst du die drei Schokoriegel da?
Tu vas manger ces trois barres de chocolat ?

Tauschen wir?
On échange ?

Le petit point de grammaire

N'oublie pas qu'en allemand le cas va changer avec la direction. Si tu te diriges vers... c'est l'accusatif. Si tu t'y trouves déjà... c'est le datif.

Ich gehe **in die** Schule.	Je vais à l'école.
Ich bin **in der** Schule.	Je suis à l'école.

Hungrig?

Ich gebe dir ein Stück Paprika gegen einen Schokoriegel.
Je te donne un morceau de poivron contre une barre de chocolat.

Gib mir lieber ein paar Chips.
Donne-moi plutôt quelques chips.

Der Döner

Tu as trop traîné sous la couette ce matin et tu n'as pas eu le temps de préparer ta Frühstücksdose ! Catastrophe !

Mais une délicieuse odeur de viande grillée te chatouille les narines et tu aperçois alors en face de ton école un Döner (un kebab). Ce mot turc désigne aussi bien la boutique, en général tenue par des Turcs, que le sandwich fourré de viande grillée à la broche qu'ils y préparent. Très répandu en Allemagne, der Döner a presque autant de succès que die Currywurst. C'est bien là que tu vas manger aujourd'hui et la viande qui tourne lentement sur la broche te fait saliver ! Une pub pour Döner prétend que Jeden Tag ist Dönerstag! (Tous les jours c'est le jour du Döner). C'est un jeu de mots avec Donnerstag, mais tu l'avais compris bien sûr ! Il y a souvent plusieurs broches qui tournent avec du veau, du porc, du mouton. Que vas-tu choisir ?

Ich möchte Kalbfleisch.
Je voudrais du veau.

Ich hätte lieber Hühnerfleisch.
Je préfère le poulet.

Comment vas-tu compléter ton sandwich ?

die Knoblauchsauce	la sauce à l'ail
die Currysauce	la sauce au curry
der Tsatsiki	le tsatsiki
die Zwiebeln	les oignons

Hungrig?

die Tomaten les tomates
der Salat la salade

Doucement, la sauce à l'ail ! N'oublie pas que tu as cours d'allemand cet après-midi et si tu ne veux pas incommoder tes voisins lorsque tu ouvriras la bouche... évite !!!

Allez ! Nous te souhaitons einen guten Appetit (un très bon appétit). Ne cherche pas de siège ; en vrai(e) Allemand(e), tu resteras debout devant une table haute (der Stehtisch) sur laquelle tu pourras poser ta boisson.

Die Bäckerei

La faim (et la curiosité) guident tes pas vers la boulangerie que tu aperçois au coin de la rue. Tu as envie de choses sucrées (etwas Süßes) ? Humm, les beaux croissants !

Das Marzipancroissant (à prononcer [crosson] avec l'accent sur la deuxième syllabe) est un croissant fourré à la pâte d'amandes. Léger et peu calorique !! ... mouais !

Quelles sont ces autres merveilles ?

das Nussnugatcroissant le croissant fourré au Nutella
das Rosinenbrötchen le petit pain au lait aux raisins secs et noisettes
das Schokobrötchen le petit pain au lait aux pépites de chocolat
die Rumkugel la boule de chocolat au rhum...

Laisse tomber si tu dois retourner en cours tout de suite après !

Hungrig?

Non, en fin de compte, tu as plutôt envie de salé (etwas Herzhaftes) pour commencer :

die Brezel	le bretzel
das Laugenkonfekt	la petite boule de pâte briochée recouverte de différentes graines
das Käsebrötchen	la boule de pain recouverte de fromage
die Käsestange	le feuilleté recouvert de fromage

Die Ganztagsschule

En Allemagne, les cours s'arrêtent entre 14 et 15 heures (13 heures pour l'école primaire), mais de plus en plus d'écoles proposent la Ganztagsschule, c'est-à-dire la journée continue comme en France. Pour pallier l'absence de cantine, les écoles se font livrer des repas chauds qui sont ensuite redistribués aux élèves (moyennant paiement). Il faut choisir la veille ce que l'on souhaite manger le lendemain et s'inscrire sur une liste affichée à l'entrée de l'école. Mais ce nouveau système n'en est qu'à ses balbutiements et les élèves allemands profitent encore de la liberté de ces après-midi où l'on peut rentrer chez soi dès la mi-journée.

Si jamais ton école fonctionne sur ce nouveau modèle, n'oublie pas :

Du musst dich in die Liste eintragen.
Tu dois t'inscrire sur la liste.

Du musst wählen, was du morgen essen willst.
Tu dois choisir ce que tu veux manger demain.

Voici quelques plats incontournables parmi lesquels tu pourras choisir :

Hühnerfrikassee und Reis	fricassée de poulet et riz

Hungrig?

Schnitzel und Kartoffeln escalope de porc panée et pommes de terre

Fischstäbchen und Kartoffelpüree
poisson pané et purée de pommes de terre

Tu as bien mangé ? Tu retournes à l'école ou tu rentres chez toi ? Tu as sûrement encore un peu de temps pour faire...

QUIZ Un petit quiz pour terminer !

Tu vas à la boulangerie. Tu dis :

- ◯ **Ich gehe in die Bäckerei.**
- ◯ **Ich gehe in der Bäckerei.**

Tu te laisserais bien tenter demain par le poulet. Sur la liste, tu coches :

- ◯ **Hühnerfrikassee**
- ◯ **Schnitzel**

Tu souhaites bon appétit à ta voisine. Tu lui dis :

....

10

Schön dass du da bist

Bamberg

Tout va de mieux en mieux (alles wird immer besser). Tu n'as plus besoin de Timon ou de Lea pour prendre le bus, tu sais dire à madame Schmidt que tu t'occuperas toi-même de ta Frühstücksdose, tu sais commander un Döner et, à la boulangerie, tu obtiens ce que tu voulais... Wunderbar! Ces petites vacances outre-Rhin sont en fait bien agréables et il y a longtemps que l'évocation de la France ne te fait plus venir les larmes aux yeux ! Il faut dire que tu n'as guère le temps de t'ennuyer avec tout ce que tu découvres chaque jour !

Tu fais beaucoup de rencontres à l'école, mais il te manque un peu de vocabulaire pour pouvoir te mêler facilement aux conversations. Le temps d'avoir cogité une phrase en allemand, le sujet a changé et tu as l'impression d'avoir toujours un train de retard. Frustrant ! Si c'est le cas, lis ce chapitre, tu y trouveras quelques bons conseils pour te faire des copains et des copines.

Traue dich!

Ça suffit les petits sourires timides à ton voisin ou à ta voisine de classe ! Il est temps de lui parler :

Wie heißt du nochmal?
Comment tu t'appelles déjà ?

Kannst du mir deinen Namen noch mal sagen?
Tu peux me redire ton prénom ?

Ich habe deinen Namen nicht verstanden.
Je n'ai pas compris comment tu t'appelles.

Wie schreibt man das?
Comment ça s'écrit ?

Ist das ein deutscher Name?
C'est un prénom allemand ?

Mein Name ist sehr verbreitet in Frankreich.
Mon prénom est très courant en France.

Eh oui, tu vas vite te rendre compte que tu n'es pas le seul étranger (der Ausländer) ici. Ils sont tous là, comme toi, pour « remonter ta moyenne en allemand, mon poussin » ! Tu te sens moins seul ! Il ne sera pas dit que le Français n'est pas doué pour les langues !

Tu te lances :

Wie lange bleibst du in Deutschland?
Combien de temps tu restes en Allemagne ?

Ich bin hier für zwei Wochen.
Je suis ici pour deux semaines.

Wo kommst du her ?

Ton accent est magnifique, même les Français vont te répondre en allemand. Les présentations sont faites mais tu es curieux de savoir d'où viennent les autres élèves :

Wo kommst du her?
D'où es-tu ?

Ich komme aus Frankreich.
Je viens de France.

Wo wohnst du?
Où habites-tu ?

Ich wohne in Paris.
J'habite Paris.

Ich komme aus Polen/Russland/Spanien.
Je viens de Pologne/de Russie/d'Espagne.

Ich komme aus der Schweiz/der Türkei.
Je viens de Suisse/de Turquie.

Ich bin Italiener und komme aus Rom.
Je suis italien et je viens de Rome.

Ah, l'Italie ! (L'Angleterre, l'Espagne, la Pologne...) !

Neue Freunde kennenlernen

C'est là-bas qu'avec tes parents tu as passé les dernières vacances et tu as adoré. Dis-le-lui, tu te feras un copain (une copine) et c'est l'occasion de parler :

Ammersee

Ich war schon mal in Italien.
Je suis déjà allé(e) en Italie.

Es ist sehr schön da.
C'est très beau.

À toi maintenant d'expliquer d'où tu viens :

Und du, wo kommst du her?
Et toi, tu viens d'où ?

Ich komme aus Frankreich.
Je viens de France.

Wo genau aus Frankreich?
D'où tu viens en France ?

Ich komme aus Pau, aus Südfrankreich.
Je viens de Pau, dans le sud de la France.

Ich komme aus Lille, aus Nordfrankreich.
Je viens de Lille, dans le nord de la France.

Évidemment, tu as des tonnes de questions à leur poser. Comment trouvent-ils leur séjour ? Qu'est-ce qu'ils pensent de la nourriture, de l'école, du tri des poubelles ? Est-ce qu'ils ont, comme toi, un peu de Heimweh (mal du pays) ?

Berlin

Hast du Heimweh?
Ton pays te manque ?

Am Anfang schon, aber es geht viel besser.
Au début, beaucoup, mais maintenant ça va beaucoup mieux.

Ist deine Gastfamilie sympathisch?
Ta famille d'accueil est sympa ?

Trennen sie den Müll auch so in deiner Familie?
Ils trient les poubelles comme ça aussi chez toi ?

Gefällt es dir in der Schule?
Ça te plaît ce qu'on fait à l'école ?

Oh ja! Ich habe mir viele nette Freunde gemacht!
Oh oui ! Je me suis fait plein de copains sympas !

Warum nicht?

Les pauses sont l'occasion de joyeux bavardages et ressemblent à des mini-sommets européens dont l'allemand serait la langue commune (on peut rêver !). Vous avez fait plus ample connaissance et vous allez certainement avoir envie de vous voir après les cours :

Wollen wir zusammen Mittag essen?
On déjeune ensemble ?

Lass uns ins Kino gehen?
Et si on allait au cinéma ?

Wollen wir am Samstag shoppen gehen?
Et si on allait faire du shopping samedi ?

Ja! Das ist ja eine tolle Idee!
Oui ! super idée !

Sehr gerne!
Très volontiers !

Voici quelques phrases utiles qui te permettront d'attendre au bon endroit, au bon moment :

Wie machen wir das ?
On fait comment ?

Wo treffen wir uns ?
On se retrouve où ?

Wir treffen uns, wenn die Schule vorbei ist.
On se retrouve à la sortie de l'école.

Wir könnten uns um zwanzig Uhr vor dem Kino treffen.
Nous pouvons nous donner rendez-vous à vingt heures devant le cinéma.

Ich komme um achtzehn Uhr bei dir vorbei
Je passerai te prendre à dix-huit heures chez toi.

Génial ! Tu as hâte d'y être !

En revanche, si tu entends :

Nein, tut mir leid. Am Samstag wasche ich mir die Haare.
Non, désolé(e), samedi, je me lave les cheveux.

Les petits pièges à éviter

Tu te souviens que les Allemands comptent à l'envers ? Demande-leur de te donner leur numéro de téléphone chiffre par chiffre afin de ne pas utiliser tout ton forfait à t'excuser auprès d'inconnus de les avoir dérangés ! Pour l'adresse mail (die Mailadresse), pas de grande différence. « Arobase » se dit at comme en anglais et « point » se dit Punkt. Pas très compliqué !

Ich bin schon verabredet.
Je suis déjà pris(e).

Ich besuche meine Oma am Sonntagnachmittag.
Je vais voir ma grand-mère dimanche après-midi.

Gute Idee, ich habe aber leider schon was vor.
Bonne idée, mais j'ai déjà quelque chose de prévu.

Ja, warum nicht? Ich muss aber leider an meinem Deutsch arbeiten.
Oui, pourquoi pas ? Mais je dois travailler mon allemand.

Ein anderes Mal, vielleicht?
Une autre fois peut-être ?

Voilà des excuses typiques pour se sortir d'un mauvais plan. Souviens-t'en quand on te proposera quelque chose qui ne te branche pas !

Wo treffen wir uns?

Qui dit sortir, dit s'organiser. Il est temps d'échanger numéros de portables et adresses mail :

Hast du ein Handy?
Tu as un portable ?

Gib mir deine Nummer.
Donne-moi ton numéro.

Ich simse dir heute Abend.
Je t'envoie un SMS ce soir.

Nein ich habe hier kein Handy.
Non, je n'ai pas de portable ici.

Du kannst mir aber eine Mail schicken.
Mais tu peux m'envoyer un mail.

Une fois rentré(e) en France, tu auras peut-être envie de garder le contact, chater (chatten), envoyer des photos :

Bist du auf Facebook ?
Est-ce que tu es sur Facebook ?

Ich werde dich als Freund hinzufügen
Je vais t'ajouter en tant qu'ami(e).

Ich kann dir auf Twitter folgen.
Je vais te suivre sur Twitter.

Par la suite, tu pourras leur dire :

Ich werde die Fotos auf Facebook runterladen.
Je téléchargerai les photos sur Facebook.

Ich werde dich auf den Fotos markieren.
Je te taguerai sur les photos.

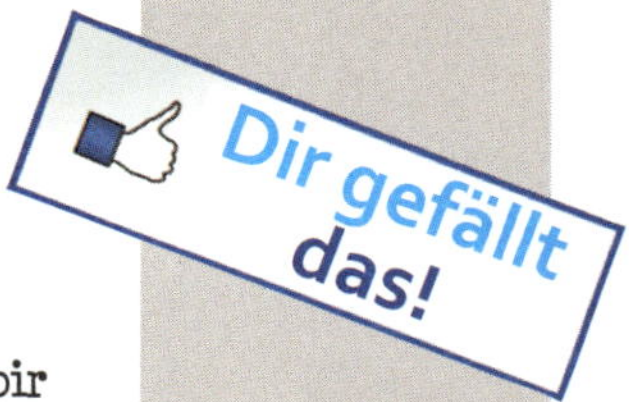

Ton nombre d'amis va exploser et tu vas pouvoir frimer car, en plus de tes amis français, il y aura des Canadiens, des Suédois, des Italiens, des Chinois...

Ich liebe dich

Tu es amoureux(se) (verliebt) ? A-t-on besoin de te traduire Ich liebe dich, phrase très utile en cas de coup de foudre ? Allez ! Ne reste pas planté(e) là, bouche ouverte, tu n'as pas la vie devant toi :

Ich bin in sie/ihn total verknallt.
Je suis raide dingue d'elle/de lui.

Ich bin in sie/ihn verliebt.
Je suis amoureux(euse) d'elle/de lui.

Ich wollte seit langem mit dir reden.
Cela faisait longtemps que je voulais te parler.

Ich habe dich hier bisher noch nie gesehen.
Je ne t'avais jamais vu(e) ici auparavant.

Ich finde dich sehr niedlich.
Je te trouve très mignon(ne).

Ça a plutôt l'air de bien marcher, passe à la vitesse supérieure :

Ich hole mir was zu trinken. Möchtest du auch was?
Je vais chercher à boire, tu veux que je t'apporte quelque chose ?

Darf ich dir ein Eis spendieren?
Je peux t'offrir une glace ?

Suchen wir uns einen ruhigen Ort.
Allons dans un endroit plus tranquille.

Les petits pièges à éviter

En allemand, on est amoureux « dans » quelqu'un. Ich bin in ihn/sie verliebt. Je suis amoureux de lui/d'elle. Ich bin in ihn/sie verknallt. Je suis raide dingue de lui/d'elle.

Vermissen

Là aussi, les Allemands font tout à l'envers ! C'est toi qui es en manque de quelque chose. **Ich vermisse dich.** (littéralement « J'ai le manque de toi »).

Mais tu risques moins de te tromper si tu emploies la formule à l'endroit : **Du fehlst mir.** Tu me manques.

Neue Freunde kennenlernen

Tout se passe au mieux quand tombe l'horrible nouvelle :

Ich fahre morgen zurück.
Je rentre demain.

Heute ist mein letzter Tag.
C'est mon dernier jour aujourd'hui.

Il faut te décider vite à déclarer ta flamme :

Du bist sehr niedlich.
Tu es très mignon(ne).

Du gefällst mir sehr.
Tu me plais beaucoup.

Ich habe dich sehr gerne.
Je t'aime beaucoup.

Ich verbringe gerne meine Zeit mit dir.
J'aime bien passer du temps avec toi.

Ich möchte gern mit dir ausgehen.
J'aimerais bien sortir avec toi.

Setz dich neben mich.
Assieds-toi à côté de moi.

Bis morgen!

Les meilleures choses ont une fin. Les cours sont finis. Il est temps de dire au revoir (tschüss) à tes nouveaux petits camarades.

Es ist schon spät. Ich muss weg.
Il commence à être tard. Il faut que j'y aille.

Tschüss!
Tchao !

Le petit point de grammaire

Pense à la direction :

- Tu vas t'asseoir... l'accusatif !
  Ich setze mich neben dich. Je m'assieds à côté de toi.
- Tu es déjà assis... le datif !
  Ich sitze neben dir. Je suis assis à côté de toi.

Neue Freunde kennenlernen

Bis später!
À plus tard !

Bis Morgen!
À demain !

Wir rufen uns an...
On s'appelle...

Quelques abréviations utiles pour inonder de SMS l'objet de ta flamme sans te ruiner (pense à la cantine !) :

hdl	**hab dich lieb**	je t'aime beaucoup
ILD	**ich liebe dich**	je t'aime beaucoup
lg	**liebe Grüße**	bises
IVD	**ich vermisse dich**	tu me manques
dfm	**du fehlst mir**	tu me manques

Avant d'accepter tous tes nouveaux amis sur Facebook (et changer ton statut amoureux ?!), tu as juste le temps de faire...

QUIZ Un petit quiz pour terminer !

Écris ce SMS en toutes lettres : hdl, dfm, lg

....

Comment diras-tu en Allemand « J'ai le mal du pays » ?

....

Tu es tombé amoureux ? Tu lui diras :

- ○ **Ich bin mit dir verliebt.**
- ○ **Ich bin in dich verliebt.**

Tu veux t'asseoir à côté de lui/d'elle. Tu demanderas :

- ○ **Kann ich mich neben dir setzen?**
- ○ **Kann ich mich neben dich setzen?**

11

Stadtrundfahrt

Aujourd'hui, pas de cours ! Tu peux oublier les déclinaisons et les verbes irréguliers. Range tes cahiers, sors ton porte-monnaie et mets des bonnes chaussures : on part en balade ! Au programme, musées, monuments et, bien sûr, shopping !

Ein ♡ für Berlin

Los geht's!

Tu voyages en car avec un groupe ? Si tu ne veux pas rater ta première excursion, attention à bien te renseigner sur l'horaire et le point de rencontre (der Treffpunkt) :

Um wie viel Uhr fährt der Bus ab?
À quelle heure part le bus ?

Wo fährt der Bus ab?
D'où part le bus ?

Wo und wann treffen wir uns?
On se retrouve où et quand pour le départ ?

Der Bus fährt um 9 Uhr los.
Le bus part à 9 heures.

Wir treffen uns vor der Schule.
On a rendez-vous devant l'école.

Sei pünktlich!
Sois à l'heure !

der Ausflug	l'excursion
der Bus	le car
der Busfahrer	le chauffeur
der Termin	le rendez-vous
der Führer	le guide (la personne)
der Reiseführer	le guide (le livre)

Das Programm

Sais-tu que Berlin a été littéralement coupée en deux par un mur qui séparait la ville en une partie Est et une partie Ouest ? L'ancienne division est maintenant à peine visible. Il reste néanmoins un ancien poste frontière, Checkpoint Charlie, ainsi qu'un musée, Das Mauermuseum (le musée du Mur), où sont exposés, entre autres vestiges, différents objets et moyens utilisés par les fugitifs et leurs passeurs. Mais il y a mille autres choses à découvrir, et ne compte pas tout voir en une seule journée. Voici quelques incontournables...

Das Brandenburger Tor

La porte de Brandebourg : tu l'as vue cent fois dans ton livre d'allemand. Tu ne peux pas la rater ! Située Pariser Platz, elle se trouve à l'endroit où passait le mur qui coupait la ville en deux. Depuis 1989, date de la chute du Mur (die Wende), elle est devenue le symbole de la réunification. C'est LE monument !

Ah, tu as probablement d'autres questions plus urgentes à poser...

Wann ist die Essenspause?
Quand est-ce qu'on s'arrête pour manger ?

Wann ist die Toilettenpause?
Quand est-ce qu'on s'arrête pour aller aux toilettes ?

Können wir Bilder machen?
Est-ce qu'on peut prendre des photos ?

Werden wir Zeit haben, Souvenirs zu kaufen?
Est-ce qu'on aura le temps d'acheter des souvenirs ?

Der Reichstag

Reconnaissable grâce à sa coupole en verre, c'est le siège du Parlement. L'entrée est payante et il faudra t'armer de patience car il y a toujours de longues files d'attente.

Die Gedächtniskirche

Cette église a été à moitié détruite par les bombardements et conservée en l'état comme vestige de la Seconde Guerre mondiale. Les Berlinois l'appellent der faule Zahn, « la dent cariée ».

Die Siegessäule

La Siegessäule (la colonne de la Victoire) s'élève au centre de la ville. C'est de là que partait, jusqu'en 2010, la Loveparade.

Der Kurfürstendamm

L'avenue la plus connue de Berlin. Les habitués l'appellent der Ku'damm. C'est LE lieu du shopping !

Stadtrundfahrt

Si tu veux voir l'essentiel à moindre frais, tu peux prendre le bus 100. En échange d'un ticket, tu feras le tour de la ville et tu verras les coins les plus typiques. Économique ! Mais fais gaffe, ne t'éloigne quand même pas trop de l'arrêt de bus ! Si tu dois prendre un taxi pour retrouver ton groupe, ça risque en effet de te coûter cher ... et tu vas vraiment passer pour un boloss !

Einmal Eintritt bitte!

Tu vas visiter un musée ? Voici quelques phrases utiles :

Ist der Eintritt umsonst?
L'entrée est gratuite ?

Wie viel kostet der Eintritt?
Combien coûte l'entrée ?

Gibt es eine Schülerermäßigung?
Vous avez des réductions pour les collégiens/lycéens ?

Ich möchte eine Eintrittskarte bitte.
Je voudrais un billet d'entrée, s'il vous plaît.

Museumsinsel

Wann macht das Museum zu?
À quelle heure ferme le musée ?

Das Museum ist von 10 bis 17 Uhr geöffnet.
Le musée ouvre à 10 heures et ferme à 17 heures.

Das Museum hat montags zu.
Le musée est fermé le lundi.

Les musées ferment tard en Allemagne. Garde un œil sur ta montre si tu ne veux pas rater le bus du retour !

Die Kunst

Voici quelques mots concernant l'art :

das Gemälde	le tableau
die Malerei	la peinture
die Leinwand	la toile
die Statue	la statue
die Skulptur	la sculpture
das Meisterwerk	le chef-d'œuvre

Einige Monumente

Rendez-vous avec les vieilles pierres ! Voici quelques mots pour t'y retrouver :

das Schloss le château
der Palast le palais
die Kirche l'église
der Dom la cathédrale
das Kloster le monastère
der Garten les jardins
die Ruinen les ruines

Berliner Dom

Ton billet en main, tu n'as plus qu'à suivre la foule. Mais si tu veux vraiment tirer le meilleur parti de ta visite, rien ne vaut un guide :

Gibt es eine Führung auf Französisch?
Y a-t-il des visites guidées en français ?
Wann ist die nächste Führung?
La prochaine visite guidée, c'est quand ?
Wie lange dauert die Führung?
Combien de temps dure la visite ?

Pergamonmuseum

Mais si tu veux visiter à ton rythme, flâner, revenir en arrière :

Ich möchte eine Audioguide auf Französich.
Je voudrais un audioguide en français.

Freizeit!

Ah ! Liberté, liberté chérie ! Tu as trois heures de temps libre à utiliser à ta guise ! C'est le moment de vérifier que tu as bien rechargé ton portable. Tu as tout ? Papiers d'identité, carte de la ville, porte-monnaie ? Prends un sac pour mettre une bouteille d'eau et ranger les achats que tu vas faire.

Ihr habt drei Stunden Freizeit.
Vous avez trois heures de temps libre.

Bereit für die Stadtbesichtigung?

Wir treffen uns hier in drei Stunden.
On se retrouve ici dans trois heures.

Der Treffpunkt ist der Hauptbahnhof.
Notre point de rendez-vous sera la gare.

On t'a probablement déjà rabâché tout ça plusieurs fois, mais on va recommencer. Écoute !

Der Treffpunkt ist der Hauptbahnhof.

Bleib bei deiner Gruppe! Reste en groupe, ne pars jamais tout(e) seul(e) à l'aventure. Pas question de semer ton binôme.

Bleib bei deinem Partner/deiner Partnerin.
Reste avec ton binôme.

Pass auf, was du sagst! Attention à ce que tu dis ! C'est toujours vexant de se rendre compte que la personne qui est devant toi parle français et a compris tes bêtises ! Mieux vaut se conduire correctement.

Sei pünktlich! Reviens à l'heure ! Le planning de la journée est sûrement très serré. Si tu arrives comme une fleur avec vingt minutes de retard, parce que tu cherchais un boc de bière bavarois pour ton père, tu risques de faire rater à tout le monde la visite du Checkpoint Charlie. Tu ne vas pas te faire que des amis !!

Achtung Fahrrad!!!

Pass auf, wie du dich benimmst! Fais attention à ta façon de te comporter. Tu es tout excité(e) par cette liberté inespérée ? Est-ce une raison pour parler si fort ? On t'a recommandé de ne pas quitter ton groupe ? De là à marcher à dix de front sur le trottoir !

Achtung Fahrrad! N'oublie pas que la piste rouge sur le trottoir est exclusivement réservée aux vélos et que tu ne dois JAMAIS marcher dessus. Les Allemands n'ont aucun humour en matière de pistes cyclables et tu risques de rentrer en France avec une roue de bicyclette autour du cou !!

Bereit für die Stadtbesichtigung?

Garde à l'esprit que, lorsque tu es à l'étranger, tu représentes la France ! Mission difficile, certes, mais souvent bien agréable. Allez !

Viel Spaß!
Amuse-toi bien !

Gib nicht dein ganzes Geld aus!
Ne dépense pas tout ton argent !

Verlaufen?

À force d'avoir le nez en l'air (quand tu ne surveilles pas les vélos), tu ne sais plus du tout où tu te trouves ? En revanche, ton binôme est toujours là, c'est bien, même si lui non plus n'a pas la moindre idée de l'endroit où vous êtes !

Bleib ruhig!
Reste calme !

Zusammen sind wir stark!
L'union fait la force !

C'est le moment de sortir le plan. Tu ne sais pas dans quel sens le prendre et tu n'as, de toute façon, aucun sens de l'orientation ? Il faut demander de l'aide :

Entschuldigung, ich glaube wir haben uns verlaufen.
Excusez moi, je crois que nous nous sommes perdu(e)s.

Können Sie uns helfen?
Pouvez-vous nous aider ?

Können Sie mir auf dem Plan zeigen, wo wir sind?
Pouvez-vous me montrer où nous sommes sur le plan ?

Wir wollen zum Marktplatz.
Nous voulons aller à la Marktplatz.

Ouf ! C'est la rue juste derrière !

Bereit für die Stadtbesichtigung?

Rappelle-toi qu'il faut toujours avoir sur toi un numéro d'urgence (ta famille d'accueil, l'école de langues). Très utile aussi une carte de la ville, ainsi que l'adresse de ta famille. Si tu vois un agent de police (der Polizist), n'hésite surtout pas à lui demander de l'aide.

Inutile d'appeler en pleurs tes parents ; non seulement tu vas les affoler, mais ils ne te seront d'aucune utilité, sur leur plage, en Bretagne...

Finalement, vous n'étiez pas très loin et il vous reste du temps pour le shopping. Tu vas pouvoir acheter des petits ours en peluche « I love Berlin », des porte-clés et des magnets. Vite, la carte postale de Mamie ! Une fois remonté(e) dans le car, tu pourras lui écrire et, tant que tu as le stylo en main, tu pourras faire...

QUIZ Un petit quiz pour terminer !

Par quel mot les Allemands désignent-ils la chute du Mur ?

....

Sais-tu en quelle année le Mur est tombé ?

....

Quel nom portait le poste frontière entre Berlin-Est et Berlin-Ouest ?

....

Qu'est-ce que le Reichstag ?

....

12

Freizeit und Sport

Super, la journée d'hier et la visite de la ville ! Mais alors, é-pui-sant ! Heureusement, aujourd'hui, c'est das Wochenende (le week-end). Tu as l'intention de te la couler douce (die Füße hochlegen) et d'attaquer la lecture de Der Kleine Prinz (*le Petit Prince*), bien calé(e) entre deux coussins.

Lea et Timon ne semblent pas avoir le même programme (Timon und Lea sind nicht der gleichen Meinung). Ils attaquent dès potron-minet :

Was machst du in deiner Freizeit?
Qu'est-ce que tu fais de ton temps libre ?

Was hast du für Hobbies?
Quels sont tes hobbys ?

Was möchtest du heute machen?

Toi, une journée cool, genre « no sport ! », te conviendrait très bien :

Sport ist nicht mein Ding.
Le sport, c'est pas trop mon truc.

Sport ist nicht mein Bier.
Le sport, c'est pas ma tasse de thé.

Ich bin kein großer Sportler.
Je ne suis pas un(e) grand(e) sportif(ive).

Ich lese gerne.
J'aime bien lire.

Ich höre Musik.
J'écoute de la musique.

Ich male gerne.
Je fais de la peinture.

Ich spiele Geige/Klavier.
Je joue du violon/piano.

Ich singe in einem Chor.
Je chante dans une chorale.

Lea paraît très intéressée :

Lernst du Geige in der Schule?
Tu apprends à jouer du violon à l'école ?

Nein, ich nehme Geigenunterricht/ Klavierunterricht.
Non, je prends des cours de violon/piano.

En revanche, si l'idée même de t'asseoir avec un livre te donne la chair de poule (Gänsehaut haben) et des fourmis dans les jambes (die Beine sind eingeschlafen), tu peux toujours essayer de les épater avec tes multiples activités :

Ich spiele zweimal in der Woche Fußball.
Je joue au foot deux fois par semaine.

Ich schwimme mittwochs.
Le mercredi, je fais de la natation.

Donnerstags spiele ich Volleyball in einer Mannschaft.
Le jeudi, je joue au volley dans une équipe.

Am Wochenende fahre ich Fahrrad.
Le week-end, je fais du vélo.

Là, c'est Timon que tu impressionnes ! Mais dis-moi, il te reste du temps pour tes devoirs avec

Le petit point de grammaire

Une fois : einmal

Deux fois : zweimal

Trois fois : dreimal, etc.

Une fois par semaine : einmal in der Woche ou einmal wöchentlich.

Deux fois par mois zweimal im Monat ou zweimal monatlich.

Si tu veux parler d'une activité que tu pratiques chaque jeudi : donnerstags (n'oublie pas le s) ou jeden Donnerstag.

un tel programme ? Attention ! Ils vont t'appeler « le coq sportif » (der sportliche Hahn) !

Lass uns schwimmen gehen!

Bon, ce n'est pas aujourd'hui que tu finiras ton *Petit Prince* !! Mais il fait beau, il faut en profiter... ce n'est pas si souvent ! Les piscines en Allemagne valent vraiment le détour, et si tu as oublié ton maillot, Timon t'en prêtera un.

Ich habe keine Badehose.
Je n'ai pas de maillot de bain.

Ich leihe dir eine.
Je t'en prête un.

Wir nehmen das Fahrrad!
On y va à vélo !

Du kriegst Omas Fahrrad.
Tu prendras le vélo de Mamie.

Ouf ! Mamie te prête son vélo (mais non ! pas son maillot !!). Allez ! On se prépare, n'oublie rien :

die Badelatschen	les tongs
die Badehose	le slip de bain
der Bikini	le maillot deux pièces
der Badeanzug	le maillot une pièce
das Badetuch	la serviette de bain
das Shampoo	le shampoing
das Duschgel	le gel douche
der Haartrockner	le sèche-cheveux
die Badekappe	le bonnet
die Taucherbrille	les lunettes de natation

Glisse tout ça dans die Turntasche (le sac de sport) et viel Spaß!

La piscine

S'il y a une chose à voir et à essayer en Allemagne, c'est bien la piscine ! En été, tu auras le choix entre das Freibad (piscine non couverte) et das Hallenbad (piscine couverte), où le prix du ticket d'entrée dépendra du temps que tu comptes y rester.

Tu vas halluciner quand tu vas voir le nombre de bassins : grands, petits, ronds, rectangulaires, carrés, situés à l'intérieur et à l'extérieur, reliés par des canaux. Quant à l'eau, elle sera chaude, froide, tiède, bouillonnante, salée, douce... Tu pourras nager au milieu de jets massants ou te prendre pour Robinson en allant t'aventurer au fond de grottes. Si tu gardes la tête sous l'eau, tu entendras une douce musique relaxante, mais si tu veux quelque chose de plus sportif (et que tu es sûr(e) de ton maillot !), rendez-vous dans le plus grand bassin où tu vas pouvoir sauter dans les vagues (die Wellen). Elles arrivent annoncées par un petit « ding-dong » connu de tous les Allemands. Attention de te tenir loin des escaliers (weg von der Treppe) ! Et si tu es vraiment très, très sûr(e) de ton maillot, jette-toi dans le toboggan !

Le génitif saxon

Omas Fahrrad : pas d'apostrophe, le s est collé au nom. Il s'emploie avec les noms propres :

Olafs Auto (l'auto d'Olaf), Stefans Handy (le portable de Stefan), Omas Fahrrad (le vélo de Mamie).

Le zoo

Tu es allergique à l'eau (ich bin allergich gegen Wasser) ? Les animaux sauvages sont ta passion ? Alors, propose une sortie au zoo (à prononcer [tso]).

Ich möchte gern zum Zoo.
J'aimerais bien aller au zoo.

Ich liebe wilde Tiere.
J'adore les animaux sauvages.

Entspannung!

Connais-tu leur nom en allemand ?

der Löwe	le lion
der Tiger	le tigre
der Elefant	tu sais
die Giraffe	à prononcer guirafeu
der Bär	l'ours (emblème de la ville de Berlin)
der Wolf	le loup
der Affe	le singe
der Papagei	le perroquet (si cher à Mozart dans *la Flûte enchantée*)
der Pfau	le paon

Das Kino

Ce soir au programme, cinéma !

Ich gehe ins Kino.
Je vais au cinéma.

Il y a justement Keinohrhasen qui passe. Tu ne peux pas rater ça ! Tout le monde en parle ! (Relis le chapitre 5.)

Encore une expérience unique ! Quand tu achèteras tes billets (beaucoup moins chers le mardi, beaucoup plus chers le week-end !), on te demandera de choisir : das Parterre oder die Loge? (orchestre ou balcon ?). Puis, il faudra choisir ton siège et tu demanderas celui qui est au milieu (die Mitte), en face de l'écran (die Leinwand), car c'est encore là qu'on est le mieux pour voir un film !

Enfin, si tu es accompagné(e), tu pourras t'installer avec l'élu(e) de ton cœur sur die Couch (la banquette). Ils pensent à tout, ces Allemands !!

Ton allée et ton numéro de siège figurent sur le billet, qu'il faut garder jusqu'à la fin de la séance. Tu sais qu'aucun Allemand ne résiste à

l'appel de la glace le soir au fond du cinéma ! Tu ne seras donc pas tout(e) seul(e) à croquer un Esquimau (das Eis am Stiel). Pots géants de pop-corn et méga Coca doivent être achetés avant la séance.

Tu remarqueras qu'ils n'attendent pas forcément la fin du film pour le commenter avec leur voisin. N'attrape surtout pas cette horrible habitude ! Et éteins ton portable !

Si le coq sportif que tu es n'est toujours pas épuisé après cette longue journée, tu pourras toujours aller faire un tour en boîte (in die Disco gehen).

Ouf ! Vivement la semaine qu'on se repose ! Tu en profiteras pour faire...

QUIZ Un petit quiz pour terminer !

Tu as la chair de poule dans la piscine, tu dis :

....

Dans cette liste, trouve l'intrus :

- ❍ der Löwe
- ❍ der Bär
- ❍ der Affe
- ❍ der Papagei
- ❍ die Katze
- ❍ der Wolf

Pour aller à la piscine, tu as besoin de...

....

et de...

....

Dans quelle grande ville d'Allemagne trouveras-tu des ours à tous les coins de rue ?

....

Tu es en Allemagne en hiver. On te proposera d'aller à la ... ?

- ❍ das Hallenbad
- ❍ das Freibad

13

Einkaufen gehen!

Tu réalises, avec un brin de nostalgie, que ton séjour touche à sa fin. Bon, il ne faut quand même pas exagérer et tu es bien content(e) à l'idée de rentrer chez toi, retrouver tes copains et pouvoir à nouveau laisser traîner tes affaires partout… Mais surtout, tu as hâte de voir la tête de ton prof d'allemand quand il t'entendra parler !!

Il te reste peu de temps pour aller faire tes petites emplettes (einkaufen gehen). Un sac « I love Berlin » pour ta petite sœur. Une Mercedes pour papa (le modèle réduit). Pour maman, c'est tout trouvé. Tu te demandes même si ce séjour linguistique n'était pas qu'un prétexte : « Lapin ! Tant que tu y es, regarde si tu ne peux pas me trouver l'habillage de la Bokness » ?!…

Was willst du einkaufen?

Commençons par le plus dur : l'habillage du lave-vaisselle…

Ich brauche ein Teil für die Geschirrspülmaschine meiner Mutter.
J'ai besoin d'une pièce pour la machine à laver la vaisselle, pour ma mère.

Wir haben eine neue Küche zu Hause.
Nous avons une nouvelle cuisine.

Die Geschirrspülmaschine ist integriert.
La machine à laver la vaisselle est intégrée.

Aber die Front fehlt. Die kann man in Frankreich nicht finden.
Mais il manque l'habillage. On ne le trouve pas en France.

Welche Marke ist die Maschine?
Quelle marque cette machine ?

Bokness? Kennen wir nicht. Das ist nicht Deutsch!
Bokness ? On ne connaît pas. C'est pas allemand !

Doch, doch. Das ist deutsch und sehr berühmt.
Si, si, c'est allemand et c'est très connu.

Kannst du es buchstabieren?
Tu peux épeler ?

B A U K N E C H T
Ach!!! Baoknecht!

Tout le monde éclate de rire. Toi, pas ! Un petit rappel de l'alphabet ne semble pas inutile :

A	a	**M**	m
B	b	**N**	n
C	tsé	**O**	o
D	d	**P**	p
E	é	**Q**	kou
F	f	**R**	r
G	gué	**S**	s
H	ha, mais il faut le souffler. Entraîne-toi !	**T**	t
		U	ou
I	i	**V**	fau
J	iot	**W**	vé
K	k	**X**	x
L	l	**Y**	upsilon
		Z	tsette

Ils ne t'oublieront pas de sitôt, toi et ton Bokness !

Handy aufladen?

Timon et Lea t'accompagnent pour ton après-midi shopping, et tu préfères ça. Ta dernière sortie en ville t'a laissé un souvenir cuisant et ton forfait est épuisé :

Ich brauche ein paar Geschenke

Ich brauche eine neue Prepaid-Karte für mein Handy.
J'ai besoin d'une nouvelle carte pour mon téléphone.

Wo finde ich das?
Où est-ce que je trouve ça ?

Wo kann ich eine Prepaid-Karte für mein Handy kaufen?
Où est-ce que je peux acheter une carte pour mon téléphone ?

Verkaufen Sie Prepaid-Karten für Handys?
Vous vendez des cartes pour téléphones ?

Conserve précieusement le ticket que l'on va te donner, car il comporte les indications indispensables pour recharger ton téléphone : le numéro gratuit que tu dois appeler pour accéder au service et le numéro à 12 chiffres nécessaire au succès de cette opération... un peu délicate ?

Un peu d'aide pour comprendre la dame du répondeur ?

Wenn Sie Ihr Konto wieder aufladen wollen, drücken Sie die eins.
Si vous voulez recharger votre compte, composez le 1.

Wenn Sie Ihr Konto abfragen wollen drücken Sie die zwei.
Si vous voulez consulter votre compte, composez le 2.

Une fois que tu auras fait le 1 :

Geben Sie jetzt Ihre Nummer ein.
Entrez votre numéro.

Après avoir composé le numéro à 12 chiffres :

Und drücken Sie die Rautetaste.
Confirmez avec la touche « dièse ».

Tu vois, c'est facile. Et avant de quitter le magasin, n'oublie pas :

Ich brauche auch eine Speicherkarte für meinen Fotoapparat.

Ich brauche ein paar Geschenke

Je voudrais une carte mémoire pour mon appareil photo.

Toutes ces cartes t'ont ruiné(e) et il va falloir aller retirer de l'argent si tu veux poursuivre tes achats. Encore une histoire de carte !

Geld abheben

Ich muss zur Bank. Ich brauche Bargeld.
Je dois aller à la banque. J'ai besoin de liquide.

À la banque, il y a deux sortes d'appareils : der Kontoauszug, qui ne délivre que des situations de comptes, et der Geldautomat, pour retirer de l'argent. Tu introduis donc ta carte dans ce dernier. Un message s'affiche :

Geben Sie Ihre Pin-Nummer ein.
Composez votre code.

Tu vas choisir le montant que tu souhaites retirer, puis tu devras indiquer :

Stückelung	pour choisir les billets que tu veux : 5, 10, 20 €, etc.
Auszahlung	pour laisser la machine choisir.

Si tu penses retirer 10 000 €, choisis Auszahlung sans hésiter, sinon tu vas passer l'après-midi à la banque, à compter les billets de 5...

Tu as de l'argent ? Vite ! Où sont les magasins ?

Lass uns shoppen gehen

Plutôt que de tourner en rond pendant des heures, dis à Lea ce que tu cherches :

Ich suche eine Tasche "I love Berlin" für meine Schwester.
Je cherche un sac « I love Berlin » pour ma sœur.

Ich suche einen Anstecker vom Bayern-München für meinen Freund Marc.

Ich brauche ein paar Geschenke

Je cherche un écusson du Bayern de Munich pour mon ami Marc.

...einen kleinen Mercedes für meinen Vater.
... une Mercedes modèle réduit pour mon père.

Für meine Mutter Hausschuhe.
Pour ma mère, des chaussons chauffants.

Sie hat immer kalte Füße!
Elle a toujours froid aux pieds !

Lea t'emmène dans le bon magasin et tu as trouvé en deux minutes tout ce qu'il te faut. Super, les chaussons chauffants ! Il suffit de les mettre au micro-ondes, mais avant, tu les fais joliment emballer :

Könnten Sie mir das als Geschenk einpacken bitte?
Vous pourriez faire un paquet-cadeau, s'il vous plaît ?

Quelques noms de magasins à retenir : Karstadt, l'équivalent des Galeries Lafayette... sauf pour les prix. Tu y trouveras tout ce que tu cherches et même ce que tu ne cherches pas du tout. Si, cependant, tu n'y as pas trouvé les chaussures de tes rêves, tu peux essayer chez Görtz, à condition que ton porte-monnaie soit encore bien rempli. Sinon essaie chez Deichmann. Pour tout ce qui concerne la toilette pense à Rossmann ou DM avant d'aller dépenser tous tes sous chez Douglas, grande chaîne de parfumerie. N'oublie pas de prendre un sac pour mettre tes courses, car, dans un souci de protection de la planète (um die Umwelt zu schonen), les Allemands ne distribuent pas les sacs plastique aussi facilement que les Français – surtout si tu vas faire tes courses chez Aldi ou Lidl, les discounters de l'alimentaire... mais tu les connais déjà ceux-là !!

Un coup d'œil à ta montre : c'est bien l'heure du Kaffee-Kuchen ! Une véritable horloge, ton estomac, depuis que tu séjournes en Allemagne !

Les cartes bancaires

Certains magasins n'acceptent pas les cartes bancaires. Retirer des espèces avec une carte bancaire coûte, selon la banque, entre 4 et 6 € de frais (die Gebühren). Le montant est affiché sur les Geldautomaten dans un coin, en tout petit. N'hésite pas à changer de banque si les frais te semblent exagérés ! Donc, prévois suffisamment d'argent liquide et paie tes achats avec ta carte chaque fois que tu le peux.

Tu proposes à Lea...

Kaffee-Kuchen?

Lea ne se le fait pas dire deux fois. Sie hat sich die Füße platt geshoppt, ce qui veut dire littéralement : ses pieds sont devenus tout plats à force de faire du shopping !

Ouf ! Enfin assis ! Tu parcours des yeux la carte posée sur la table. Tu as l'embarras du choix :

der Cappuccino tu comprends ça !
der Latte-Macchiato et ça ?
der Chai-Latte thé indien aux épices (très à la mode)

Si tu veux un chocolat chaud, pense à souffler ton « h » sinon tu te retrouveras avec une glace au chocolat, même s'il fait moins vingt degrés dehors !

eine heiße Schokolade (hhhheiße) un chocolat chchchaud
ein Milchkaffee un café au lait

Toutes sortes de parfums peuvent aromatiser ton café ou ton chocolat que tu commanderas mit Schuss (avec un petit goût en plus) :

Haselnussgeschmack goût noisette
Karamelgeschmack goût caramel
Minzgeschmack goût menthe
Nugatgeschmack goût nougat
Vanillegeschmack goût vanille

Forcément, ton œil traîne sur la carte des pâtisseries...

der Apfelstrudel mit Vanilleeis
roulé aux pommes et sa glace vanille

die Waffel mit Schokoladensoße
gaufre sauce chocolat

...mit Karamelsoße ... sauce caramel

Ich brauche ein paar Geschenke

der Schokoladenkuchen	moelleux au chocolat
die Marzipantorte	gâteau à la pâte d'amandes
der Mohnkuchen	gâteau aux graines de pavot

Rien qu'à lire le nom des gâteaux, tu as pris 10 kilos ! Voilà la serveuse (die Kellnerin) et son carnet.

Was darf's sein?
Vous avez choisi ?

Lea commence :

Ich hätte gern einen Chai-Latte.
Je voudrais un Chai-Latte.

Und eine Waffel mit Schokoladensauce.
Et une gaufre sauce chocolat.

Ta gaufre à peine engloutie, tu te dépêches de payer. Tu as encore des tonnes de courses à faire et tu sens qu'il va falloir investir dans un nouveau jean. Le bouton de celui que tu portes a en effet traversé la pièce au moment où tu t'es levé(e) de table !

Wir möchten zahlen.
On voudrait payer.

Zusammen oder getrennt?
Ensemble ou séparément ?

En Allemagne, il est très courant (donc très facile) d'obtenir une addition séparée. Mais, courtoisie française oblige, tu décides d'inviter Lea :

Zusammen bitte.
Ensemble, s'il vous plaît.

Es stimmt so, danke schön!
C'est bon, merci.

Meine Größe

Les vêtements en Allemagne ont une taille de plus que les vêtements en France. Voilà une

Das Trinkgeld

Le pourboire, das Trinkgeld, n'est pas obligatoire, mais il est toujours le bienvenu en signe de satisfaction. Tu arrondis l'addition à l'euro supérieur, voire davantage, et tu laisses le tout en disant : Stimmt so, danke schön!

C'est bon, merci.

excellente nouvelle et on va t'expliquer pourquoi. Tu fais du 38, mais après une semaine de glaces, gaufres et Apfelstrudel, il te faut du 40, donc, tu vas demander du... 38 ! Tu as compris ? C'est génial, non ? Essaie quand même, c'est plus prudent :

Ich möchte das anprobieren.
Je voudrais essayer ça.
Wo sind die Anprobekabinen?
Où sont les cabines d'essayage ?
Ich trage Größe 38.
Je fais du 38.
Meine Schuhgröße ist 40.
Je chausse du 40.
Ich brauche eine kleinere/größere Größe.
Il me faut une taille plus grande/plus petite.

Ton jean, tu le veux rouge ?

Eine rote Jeans. (à prononcer [djins])
Un jean rouge.

Révisons les couleurs, tant qu'on y est...

Et couleur se dit « die Farbe ».

Ich brauche ein paar Geschenke

Maintenant, pour mettre avec ton jean rouge, tu vas pouvoir acheter un pull bleu qui ira bien avec tes yeux verts et tes cheveux bruns. Pendant que la vendeuse emballe tes paquets, tu as le temps de faire...

QUIZ Un petit quiz pour terminer !

Qu'est-ce que la « Rautetaste » ?

....

Tu mets du 40 en France. Quelle taille demanderas-tu en Allemagne ?

....

Tu veux laisser un pourboire au café. Comment t'y prends-tu ?

....

14

Erschöpft?

Eh oui, c'est ton dernier week-end ! Comme le temps passe vite ! Tu as fini tes dernières courses hier, et aujourd'hui dimanche, au programme, déjeuner familial.

D'ailleurs, une odeur de chou rouge flotte dans la maison depuis le petit déjeuner… Miam miam…

Essen ist fertig!

Les grands-parents sont invités, on t'indique l'endroit où t'asseoir à table, tout cela est plus formel que les autres jours. Devant toi, deux assiettes : une grande et une petite sur la gauche. Avant que tu ne fasses des bêtises et que tu n'ailles remplir la petite assiette de chou rouge, sache qu'elle est destinée à la salade. Tu es déjà sûr(e) d'une chose, tu pourras au moins manger de la salade !

Pour te mettre en appétit (damit du Appetit bekommst) tu auras droit, en entrée, à une soupe. Les Allemands adorent commencer leur repas par une soupe. Froide ou chaude selon la température extérieure (donc, souvent chaude !).

die Hochzeitssuppe	la soupe de mariage
die Kartoffelsuppe	… de pommes de terre
die Kürbiscremesuppe	la crème de citrouille

On te soigne, dis donc ! Die Hochzeitssuppe, comme son nom l'indique, ne se sert que dans les très grandes occasions !

Passons aux choses sérieuses : das Hauptgericht (le plat principal), souvent accompagné de salade

(der Salat ; petite assiette à gauche !), peut se composer de :

Die Rinderroulade, tranche de steak roulée, fourrée de cornichons et maintenue par un cure-dent. Attention en retirant le cure-dent à ne pas faire voltiger ta Rinderroulade sur les genoux de la grand-mère !

Der Rotkohl, l'incontournable chou rouge.

Die Klöße, boules de purée de pomme de terre liées avec de l'œuf. Très compactes, elles tiennent au corps !

Peut-être auras-tu droit à un autre grand classique de la gastronomie allemande :

das Schnitzel	l'escalope de porc panée
die Kartoffeln	les pommes de terre
das Mischgemüse	les petits pois-carottes

Das Gemüse

Les légumes seront toujours présents dans ton assiette, mieux vaut connaître leur nom :

der Blumenkohl	le chou-fleur
der Brokkoli	les brocolis
die Erbsen	les petits pois
die Möhren	les carottes
die Brechbohnen	les haricots verts
die Zucchinis	les courgettes
das Kartoffelpüree	la purée de pommes de terre
die Kartoffelpuffer	les galettes de pommes de terre
die Bratkartoffeln	les pommes de terre sautées

Das Fleisch

« Dans le cochon, tout est bon » : les Allemands le vérifient chaque jour (en évitant tout de même les pieds !). Ils sont en effet de grands consommateurs de viande de porc (das Schweinefleisch) et certainement les plus grands consommateurs de saucisses au monde ! Tu les trouveras sous toutes les formes. Une différence fondamentale cependant : les Bratwurst se cuisent à la poêle ou sur le gril. Les Würste se réchauffent dans l'eau chaude. Quand il n'y a plus de saucisses dans le réfrigérateur, on peut toujours se rabattre sur :

das Huhn	le poulet
das gegrillte Hähnchen	le poulet rôti
das Schweinegulasch	le ragoût de porc
das Rindergulasch	le ragoût de bœuf

Der Nachtisch

Pour le dessert, tu auras sûrement droit à die rote Grütze mit Vanillesoße. C'est une compote de fruits rouges servie avec un grand pichet rempli de sauce vanille que tu verses sur ta compote. Ou à l'autre fleuron de la pâtisserie d'outre-Rhin, der Vanillepudding, l'équivalent de notre crème caramel… mais sans caramel. Tu te régales ? Dis-le !

Humm, die rote Grütze schmeckt wirklich gut!
Miam, cette compote de fruits rouges est vraiment bonne !

Könnte ich noch ein bisschen Nachschlag bekommen?
Je pourrais en avoir encore un petit peu ?

Es war sehr lecker.
C'était très bon.

Das Eis, tu connais maintenant.

Nachschlag?

Mais un jour, inévitablement, on va te proposer un truc que tu détestes. Comment rester poli(e) et ne pas vexer tes hôtes ? Au secours ! Die Klöße!

Stört es Sie, wenn ich das nicht esse?
Ça vous dérange si je ne mange pas ça ?

Nein danke. Ich habe keinen Hunger mehr.
Non merci, je n'ai vraiment plus faim.

Ich bin wirklich satt.
J'ai vraiment assez mangé.

Grillen

Si tu as de la chance (der Glückspilz) et qu'il fait beau (n'oublie quand même pas de mettre un petit pull !), ta famille te proposera sans aucun doute un barbecue (wir wollen grillen).

Les Allemands ne ratent jamais une occasion de grillen. On met la table dehors et on la recouvre de :

der Kartoffelsalat	la salade de pomme de terre
der Nudelsalat	la salade de pâtes
das Tsatsiki	le tsatsiki
das Knoblauchbaguette	la baguette fourrée à l'ail et passée au four
die rote Beete	les betteraves
die Gurken	les cornichons

Les Allemands raffolent de la cuisine épicée. Tu trouveras donc sur la table toutes sortes de sauces, parfois assez relevées :

die Currysauce	la sauce curry
die Knoblauchsauce	la sauce à l'ail

die Chilisauce — la sauce pimentée

der Senf — la moutarde

Tout cela accompagnant die fameuse Bratwurst, des saucisses de porc ou de dinde.

Noch eine Wurst?
Encore une saucisse ?

Wie war deine Woche?

Ces longs déjeuners (rien à voir cependant avec la France où, comme tu le sais, on peut sortir de table à l'heure du goûter !) sont l'occasion de parler un peu (schwatzen). Au moment où tu enfournes ton morceau de baguette à l'ail, on te demande :

Na, wie war deine Woche?
Alors, comment s'est passée ta semaine ?

Was hat dir am meisten gefallen?
Qu'est-ce que tu as préféré ?

Pas question de parler la bouche pleine : fais un geste de la main pour dire que tu as bien entendu et dépêche-toi d'avaler.

Ich habe eine wunderbare Woche gehabt!
J'ai passé une excellente semaine !

Ich habe eine schreckliche Woche gehabt!
J'ai passé une semaine horrible !

Ich bin total erschöpft!
Je suis complètement épuisé(e) !

Ich würde aber gern noch eine Woche bleiben!
Mais j'aimerais bien rester une semaine de plus !

Beaucoup de choses t'ont plu, par quoi commencer ?

Die Sprachschule hat mir gut gefallen.
J'ai bien aimé les cours à l'école de langues.

Den Ausflug in die Stadt fand ich toll!
J'ai trouvé super la visite de la ville !

Die Wochentage

Pas très compliqué, ils finissent tous par « tag » sauf Mittwoch (mercredi). Si tu dois les écrire, n'oublie pas la majuscule ! Allez, on commence et dans l'ordre !
Montag
Dienstag
Mittwoch (« Mitte der Woche », milieu de la semaine)
Donnerstag (le jour du Döner !)
Freitag
Samstag ou Sonnabend (veille de dimanche)
Sonntag.
Attention à ne pas confondre Sonnabend et Sonntag !

Hast du eine schöne Woche gehabt?

Den Samstag im Schwimmbad habe ich geliebt.
J'ai adoré la journée de samedi à la piscine.

Die Zeit

Comment exprimer le temps ? Saurais-tu dire : en janvier, à lundi, à Noël, il y a dix jours, la semaine dernière ?

En Allemand, il faut utiliser des prépositions :

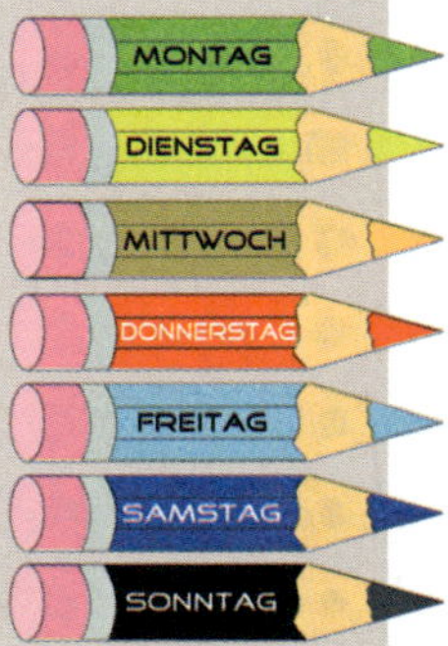

im Frühling	au printemps
im Januar	en janvier
in 14 Tagen	dans 15 jours
in der Nacht	dans la nuit
am Sonntag	dimanche
am Anfang	au début
am Ende	à la fin
zu Weihnachten	à Noël
zu Ostern	à Pâques
bis Montag	à lundi
vor 10 Tagen	il y a dix jours
vor einer Woche	la semaine dernière

Cette liste te donne la nausée ? Tu es sûr(e) que ce n'est pas plutôt les trois parts de rote Grütze et de Vanillesoße que tu viens d'engloutir ? Allez, va t'allonger, c'est der Mittagsschlaf !

Prends ton quiz.

QUIZ

Un petit quiz pour terminer !

Trouve l'intrus :

- ◯ **Mittwoch**
- ◯ **Kartoffelsalat**
- ◯ **Currywurst**

15

Ein besonderer Tag

En Allemagne, il n'y a pas que la météo qui réserve des surprises. Autant te prévenir tout de suite, les Allemands sont un peuple à l'humeur facétieuse ! Prépare-toi à quelques rencontres étonnantes : un individu sanguinolant avec un couteau planté dans le crâne risque de sonner à ta porte. Un gros barbu cramoisi sorti de la cheminée va croiser ton chemin alors que tu te diriges mollement vers le canapé... À moins que cela ne soit un lapin barbouillé de chocolat...

Un jour, au cours d'une tranquille promenade en forêt, peut-être te sentiras-tu suivi(e) et, en te retournant, tu apercevras en effet des elfes et quelques trolls menaçants...

Non, tu n'hallucines pas ! Tu vas les rencontrer ! Tout dépend des dates de ton séjour...

Was haben wir heute für einen Tag?

À propos, tu saurais donner les dates de ton séjour ? Bon, on va commencer par les mois de l'année alors !

Januar	janvier
Februar	février
März	mars
April	avril
Mai	tu prononceras maille
Juni	juin
Juli	juillet

August	août
September	septembre
Oktober	octobre
November	novembre
Dezember	décembre

Et quel jour sommes-nous aujourd'hui ? Depuis que tu es en vacances en Allemagne, c'est vrai que tu ne t'occupes plus trop de la date ! Allez ! On va t'aider.

Das Datum

Heute haben wir Dienstag, den 24. April.
Aujourd'hui, nous sommes le mardi 24 avril.

Note que les Allemands disent « nous avons » tel jour et non pas « nous sommes » tel jour. D'autre part, les mois de l'année s'écrivent toujours avec une majuscule, comme les jours de la semaine. Et il ne faut pas oublier le point après le chiffre de la date (25. Dezember), il correspond au « ten » que tu dois prononcer si tu dis la date (den fünfundzwanzigsten).

Montag, den 25. Dezember
Lundi 25 décembre

Heute haben wir Dienstag, den fünfundzwanzigsten.
Aujourd'hui, nous sommes le mardi vingt-cinq.

Souviens-toi, il faut utiliser les nombres ordinaux :

den ersten	le premier
den zweiten	le deuxième, le second
den dritten	le troisième
den vierten	le quatrième
den fünften	le cinquième
den sechsten	le sixième

den siebten le septième
den achten le huitième
den neunten le neuvième
den zehnten le dixième
den zwanzigsten le vingtième

etc.

Fröhliche Weihnachten

Ici, Noël se fête sur trois jours : les 24, 25 et 26 décembre. Le 24, c'est der Heiligabend, la soirée sainte. Le 25 s'appelle der erste Weihnachtsfeiertag, le premier jour de Noël. Le 26, tu l'auras deviné, c'est der zweite Weihnachtsfeiertag.

Mais ces trois jours tant attendus ne sont que l'aboutissement d'une longue période de préparations. Celles-ci commencent dès le premier dimanche de l'Avent (fin novembre en général) avec l'ouverture des marchés de Noël (der Weihnachtsmarkt). Là, tu te procureras tout ce qui est nécessaire à la décoration de la maison (dein Zuhause) – des bougies (die Kerzen), des boules (die Kugeln), des guirlandes (die Girlanden), des angelots (die Engel), des étoiles (die Sterne) – mais aussi les épices – cannelle (der Zimt), anis étoilé (der Sternanis), girofle (die Nelken), vanille (die Vanille). Enfin tout ce qui fait Noël, Gemütlichkeit oblige !

Flâner à Noël
Ahhh les marchés de Noël... c'est beau, c'est chaleureux, c'est coloré. Notre coup de cœur : les Lebkuchen, des petits gâteaux de pain d'épices.

Mais surtout la couronne de l'Avent (der Adventskranz) ! Elle est présente dans tous les foyers allemands. C'est en général une couronne d'aiguilles de pin, décorée de boules, d'étoiles, de bâtons de cannelle et d'anis étoilé sur laquelle on pose quatre bougies. Une pour chaque dimanche de l'Avent. Les Allemands allument la première bougie le premier dimanche de l'Avent (der erste Advent). Les autres suivront.

Martinstag (der 11. November)

Le 11 novembre, on fête la Saint-Martin. Tu sais, celui qui avait partagé sa tunique avec un mendiant. Alors on fabrique des lampions et on se promène dans les rues des villages avec ces petites lumières à la nuit tombée. Rassure-toi, tu n'auras pas à attendre trop longtemps... la nuit tombe tôt ici !

Der Nikolaus (der 6. Dezember)

À peine saint Martin a-t-il tourné les talons (die Fersen drehen) que déjà on attend saint Nicolas, et bien qu'ils se ressemblent à s'y méprendre, il est impossible de le confondre avec der Weihnachtsmann (le père Noël), tous les enfants te le diront. Il paraît que c'est aux chaussures qu'on les différencie. Saint Nicolas porte des baskets, alors que le père Noël, lui, a de belles chaussures noires ! Saint Nicolas passe le 6 décembre pour glisser dans les bottes toutes sortes de friandises. À deux conditions : une, que tu aies placé tes bottes devant la porte d'entrée après les avoir conciencieusement lustrées ; deux, que tu aies été sage, bien sûr ! Sinon, au lieu de friandises (die Süßigkeiten), tu risques fort d'y trouver un martinet (die Rute) !

Plätzchen backen

Personne en vue avant le 24 ? Profitons-en pour faire les gâteaux (die Plätzchen) qui seront offerts à tout l'entourage. On passe des après-midi entiers à cuire des petits gâteaux (Plätzchen backen) dans une douce odeur de cannelle, de girofle et

de vanille. Tu l'auras déjà compris, ce n'est pas la meilleure période pour attaquer un régime !

Weihnachten

C'est la veille de Noël (am Heiligabend) et tu salives déjà en pensant foie gras et escargots. Raté ! Tu devras te contenter de der Kartoffelsalat et die Wurst (incontournable) qu'on te servira à 5 heures de l'après-midi ! Ce repas allégé rend hommage à la maîtresse de maison qui, le soir de Noël, a aussi droit à un peu de repos. Merci ! Ce n'est pas si souvent...

Mais surtout, il ne faut pas arriver en retard à la messe (der Gottesdienst) ! Toi qui n'aimes que Rammstein, tu vas te sentir étrangement ému(e) par la musique de Bach ou de Mozart, et c'est la gorge serrée (mais si !) que tu chanteras "Stille Nacht, heilige Nacht" (Douce nuit, sainte nuit). De retour à la maison, on distribue les cadeaux (die Bescherung) sous le sapin (der Weihnachtsbaum). On épluchera quelques clémentines en préparant une soupière de vin chaud (der Glühwein) au-dessus de laquelle on fera fondre, en le chauffant, un cône de sucre régulièrement arrosé de rhum ; cette potion magique porte alors le nom de : die Feuerzangenbowle.

Fröhliche Weihnachten!
Joyeux Noël !

Le 25, petit déjeuner léger ! Une oie obèse (die Gans) fourrée de pommes, cuite depuis l'aube dans le four. Autant te prévenir tout de suite, tu ne couperas pas au chou rouge (der Rotkohl) ! Le 26 est aussi un jour férié. C'est l'occasion de faire un sort définitif à cette grosse oie ou de se faire inviter ailleurs pour en manger une autre !

Bitte, keinen Rotkohl!
S'il vous plaît, pas de chou rouge !

Schönes neues Jahr!

Il ne te reste plus qu'à t'installer dans le canapé jusqu'à la Saint-Sylvestre (Silvester) et essayer de digérer. Tu seras réveillé(e) à minuit par des pétarades assourdissantes de feux d'artifice (das Feuerwerk) fusant dans tous les coins. C'est la façon allemande d'accueillir la nouvelle année.

Schönes neues Jahr!
Bonne année !

Ensuite on chante et on danse, et on danse, et on danse...

Valentinstag (der 14. Februar)

C'est la Saint-Valentin et dein Valentin t'offrira sûrement un beau cœur rouge (ein rotes Herz) pour te prouver son affection.

Fasching

Fin février, on se déguise, c'est le carnaval ! Le plus connu est celui de la ville de Cologne (Köln). Quant à l'eau du même nom, évite d'en boire, même si elle est réputée...

Der erste April

Le 1er avril, on ne se collera pas des petits poissons dans le dos en hurlant de joie, mais c'est le moment de faire toutes sortes de plaisanteries, plus farfelues les unes que les autres, en criant : April, April !

Les petits gestes qui sauvent

Si tu vois quelqu'un te montrer ses poings, sois rassuré(e), ce n'est pas parce qu'il ou elle t'en veut ! Pour souhaiter bonne chance, les Allemands ne croisent pas les doigts mais enfoncent leur pouce dans le poing.

Ostern

A Pâques, tu risques de croiser un lapin pressé (der Osterhase). Il cache les œufs en chocolat dans les jardins et apporte même des petits cadeaux ! C'est l'occasion pour la famille de se réunir et de déguster l'agneau pascal (das Lamm).

Nein, keinen Rotkohl bitte!
Non, pas de chou rouge, merci !

Dans les jardins, on accroche des œufs colorés aux branches des arbres encore nues. Sans doute pour attirer les lapins !

Der dritte Oktober

C'est un jour férié. Les Allemands fêtent la réunification (die deutsche Einheit) de leur pays qui a eu lieu le 3 octobre 1990.

Petit rappel : après sa défaite en 1945, l'Allemagne, divisée en quatre zones par les vainqueurs, fait place à deux nouveaux pays : l'Allemagne de l'Ouest (capitaliste) et l'Allemagne de l'Est (socialiste). Berlin est également divisée en deux : Berlin-Ouest et Berlin-Est. Les Américains, les Britanniques et les Français occupent la moitié ouest, rattachée à la RFA (République fédérale d'Allemagne). Les Soviétiques occupent la moitié est, devenue la RDA (République démocratique allemande), dont le niveau de vie, inférieur à celui de la RFA, provoque une hémorragie massive de la main-d'œuvre et de la jeunesse. Pour y mettre fin, en 1961, la RDA ferme les points de passage entre l'Est et l'Ouest en construisant le mur de Berlin. En novembre 1989, la population allemande fait tomber ce mur et les deux républiques sont réunifiées un an plus tard, ce fameux 3 octobre 1990.

Muttertag

La fête des Mères a lieu le premier dimanche du mois de mai ici, donc avant la fête des Mères en France. Il est d'usage d'offrir des chocolats, quelques fleurs...
Alles Gute zum Muttertag!
Bonne fête, maman !

Halloween (der 31. Oktober)

Des sorcières et des squelettes envahissent la ville ! On passe des après-midi entiers à décorer les maisons de toiles d'araignée et à faire des trous dans de grosses citrouilles. Le soir, d'étranges créatures viennent sonner à la porte en réclamant : Süßes oder Saures (sucré ou aigre).

die Hexe	la sorcière
die Spinne	l'araignée
der Geist	le fantôme
der Kürbis	la citrouille

Ich habe Geburtstag

C'est ton anniversaire! Tu vas être traité(e) comme un roi ! Toute la journée, tu auras le droit de décider de tout... ou presque ! Le menu du repas (Youpi ! un jour sans chou rouge !) et le gâteau. Tu l'auras compris, l'anniversaire est extrêmement important ici. À tel point que les employés ont même droit à un après-midi de congé. Tu es das Geburtstagkind (l'enfant du jour) et tout est permis... Profites-en, dans la limite évidemment de ton excellente éducation !

Alles Gute zum Geburtstag!
Joyeux anniversaire !

En cadeau, nous t'offrons...

QUIZ

Un petit quiz pour terminer !

Comment dit-on en allemand :

Joyeux Noël ! ....

Bonne année ! ....

16

Hilfe!

Depuis hier soir tu te sens tout chose (sich schlapp fühlen), et ce matin tu te réveilles avec les yeux bouffis et des boutons partout ! Allergie aux Currywurst ? Réaction violente aux verbes irréguliers ? Intoxication au chou rouge ? On ne peut écarter aucune hypothèse !

Un numéro utile
Si tu dois signaler une agression, un vol ou un accident, le numéro pour tous les services d'urgence est le même qu'en France (et dans toute l'Union européenne) : 112. Et c'est gratuit !

Was ist mit dir los?

Comment faire comprendre que tu n'es pas au mieux de ta forme ? Si tu fais ton entrée dans la cuisine en rampant par terre, le teint verdâtre, et que tu vas vomir dans la gamelle du chat, tu arriveras sûrement à transmettre l'essentiel du message. Mais si tu penses pouvoir articuler quelques mots, ce chapitre va t'aider.

Ein Problem?

Face à un incendie (der Brand), une agression (der Angriff) ou un vol (der Diebstahl), auras-tu la présence d'esprit de trouver la formule juste ? Un accident ou une urgence ne sont jamais faciles à gérer, surtout dans une langue étrangère ! Voici quelques formules (à apprendre par cœur) qui t'éviteront de feuilleter frénétiquement ton guide. Tu te sentiras plus rassuré(e) et, surtout, plus utile.

Vorsicht!
Attention !

Hilfe!
Au secours !

Es geht mir nicht gut

Feuer!
Au feu !

Rufen Sie die Polizei/die Feuerwehr.
Appelez la police/les pompiers.

Rufen Sie einen Arzt/einen Krankenwagen.
Appelez un médecin/une ambulance.

Beim Arzt

Tes yeux gonflent de plus en plus malgré les sachets de thé que tu as utilisés comme compresses. Il va falloir faire appel aux professionnels !

Ich möchte zum Arzt.
J'aimerais aller chez le médecin.

Regarde bien la plaque. Tu devras choisir entre Heilkunde (médecine) ou Naturheilkunde (médecine douce).

Naturheilkunde ou pas, il va falloir que tu répondes à quelques questions :

Was kann ich für dich tun?
Qu'est-ce que je peux faire pour toi ?

Was ist mit dir los?
Qu'est-ce qui t'arrive ?

Es geht mir schlecht.
Je ne me sens pas bien.

Es geht mir nicht gut.
Je ne me sens pas bien.

Ich fühle mich nicht wohl.
Je ne me sens pas dans mon assiette.

Ich fühle mich schlecht.
Je me sens mal.

Ich bin krank.
Je suis malade.

Une fois dans le cabinet médical (in der Praxis), tu peux toujours montrer du doigt l'endroit qui te fait mal :

Médecine conventionnelle ou alternative ?
Les Allemands sont très méfiants à l'égard de la médecine traditionnelle. Une médecine « douce » qui utilise des moyens plus naturels, die Naturheilkunde, s'est donc développée et propose des remèdes plutôt… alternatifs, comme glisser un oignon sous l'oreiller pour soigner une otite…

Es geht mir nicht gut

Da tut es mir weh.
J'ai mal ici.

Ich habe mir meine Hand verletzt.
Je me suis fait mal à la main.

Ich habe was im Auge.
J'ai quelque chose dans l'œil.

Vas-tu savoir décrire tes symptômes (die Anzeichen) ?

Ich habe Rückenschmerzen.
J'ai mal au dos.

Mir ist schlecht.
J'ai mal au cœur./J'ai la nausée.

Ich habe Juckreiz.
J'ai des démangeaisons.

Allez hop ! Enlève ton T-shirt, sinon comment veux-tu que le médecin t'examine ?

Mach den Oberkörper frei.
Mets-toi torse nu./Enlève le haut.

Leg dich hin.
Allonge-toi.

Tief atmen.
Respire profondément.

Tut es weh, wenn ich da drücke?
Ça te fait mal quand j'appuie là ?

N'angoisse pas ! Ce n'est sûrement pas grave !

Es ist nicht schlimm.
Ce n'est rien de grave.

Il va trouver en moins de deux ce qui t'arrive et faire un diagnostic (die Diagnose).

Tu t'es pris les pieds en courant vers le Döner ?

der Schlag	le coup
die Beule	la bosse
der blaue Fleck	le bleu
der Schnitt	la coupure
die Wunde	la blessure, la plaie
der Sturz	la chute

Pour dire que ça ne va pas

Deux formules possibles : Tu ajoutes schmerzen au nom de la partie du corps qui te fait mal :

Ich habe Kopfschmerzen.
J'ai mal à la tête.

Ich habe Zahnschmerzen.
J'ai mal aux dents.

Ich habe Fußschmerzen.
J'ai mal au pied.

Ou bien, tu peux dire :

Mein Kopf / Zahn / Fuß tut mir weh.
J'ai mal à la tête / à une dent / au pied.

La carte européenne d'assurance maladie

En principe, si tu as bien fait les choses, tu es arrivé(e) en Allemagne avec ta carte européenne d'assurance maladie. Mais attention : si tu consultes un médecin, tu devras lui payer ses honoraires et te faire rembourser ensuite en France. Ne râle pas ! C'est la même chose dans l'autre sens !

Es geht mir nicht gut

die Verstauchung	l'entorse
der Knochenbruch	la fracture

Ça te gratouille ou ça te chatouille ?

der Insektenstich	la piqûre (d'insecte)
der Juckreiz	la démangeaison
die Allergie	l'allergie

Tu as repris six fois de l'Apfeltorte ?!!!

die Magenverstimmung	l'indigestion
die Vergiftung	l'intoxication alimentaire
der Schwindel	le vertige, le mal au cœur, le mal de mer, le mal des transports
die Übelkeit	la nausée
erbrechen	vomir
die Verstopfung	la constipation
der Durchfall	la diarrhée

Tes yeux pleurent et ton nez coule ?

die Erkältung	le rhume
die Grippe	la grippe
das Niesen	l'éternuement
der Husten	la toux
die Mittelohrentzündung	l'otite
die Bronchitis	la bronchite
die Mandelentzündung	l'angine

Tu attaques ta quatrième boîte de mouchoirs en papier ?

Hätten Sie einen Taschentuch für mich?
Auriez-vous un mouchoir ?

Ich muss mir die Nase putzen.
Je dois me moucher.

Tu t'es endormi(e) au soleil ? (Humour !)

die Verbrennung	la brûlure
der Sonnenbrand	le coup de soleil

Et comme si ça ne suffisait pas, tous ces petits bobos peuvent s'accompagner de fatigue (die Müdigkeit) ou de fièvre (das Fieber).

Die Körperteile

Il ne suffit pas d'avoir mal, encore faut-il savoir où !

Commençons par la tête :

der Kopf	la tête
das Auge	l'œil
die Nase	le nez
die Ohren	les oreilles
der Mund	la bouche
der Hals	le cou
die Kehle	la gorge

Bon, la tête, c'est fait ! Descendons :

die Brust	la poitrine
der Arm	le bras
der Ellenbogen	le coude
das Handgelenk	le poignet
die Hand	la main
der Finger	le doigt
die Schulter	l'épaule

Et pour finir :

der Bauch	le ventre
der Magen	l'estomac
der Rücken	le dos
der Hintern	les fesses
das Bein	la jambe

Mieux vaut prévenir...
Il n'est pas nécessaire de se faire vacciner avant de se rendre en Allemagne. Mais c'est l'occasion de vérifier que tu es à jour dans tes vaccins (diphtérie, tétanos, poliomyélite...).

Es geht mir nicht gut

das Knie	le genou
der Knöchel	la cheville
der Fuß	le pied
der Zeh	l'orteil

Gesundheit!
C'est la formule consacrée pour dire « À tes souhaits ! » lorsque quelqu'un vient d'éternuer (niesen).

Die Diagnose

Pour être sûr de son diagnostic, et avant de te mettre un plâtre (der Gips), le docteur a demandé une radiographie (das Röntgenbild). À moins que quelques points de suture (der Stich) n'aient suffi.

Du musst dich ausruhen.
Tu dois te reposer.

Du musst zwei Tage im Bett bleiben.
Tu devras rester au lit pendant deux jours.

Hier ist ein Rezept, um die Medikamente in der Apotheke zu bekommen.
Voici une ordonnance pour la pharmacie.

En Allemagne, on prescrit beaucoup moins de médicaments qu'en France. Ne t'étonne donc pas de rentrer chez toi sans ordonnance (das Rezept), avec juste quelques recommandations (manger du chou rouge !). Ici, « les antibiotiques (die Antibiotika), c'est pas automatique » !

Pauvre petit bouchon ! Ça va mieux (geht es dir besser) ?

Die Apotheke

Tu n'as aucune envie de rester cloué(e) au lit (ans Bett gefesselt sein) ! Inutile de passer par la case « médecin » : direction, la pharmacie (die Apotheke) !

Ich suche eine Apotheke.
Je cherche une pharmacie.

Es geht mir nicht gut

Wissen Sie wo sich die Notdienst-Apotheke befindet?
Savez-vous où je peux trouver la pharmacie de garde ?

Tu demandes un médicament (das Medikament) à la pharmacienne (die Apothekerin) ou des pastilles contre la toux (Hustenbonbons). On ne sait jamais avec le temps qu'il fait ! Il vaut mieux prévenir que guérir (besser vorsorgen) !

Ich bräuchte einen Verband.
Il me faudrait du sparadrap.

Ich brauche Pflaster.
J'ai besoin de pansements.

Ich möchte Paracetamol.
Je voudrais du paracétamol.

Haben Sie Kontaktlinsenlösung?
Avez-vous du produit pour les lentilles ?

Geben Sie mir Aspirin bitte.
Donnez-moi de l'aspirine, s'il vous plaît.

Tu as besoin d'un conseil ?

Hätten Sie was gegen...
Vous auriez quelque chose contre...

Ich habe mich erkältet.
J'ai pris froid.

Mein Hals tut mir weh.
J'ai mal à la gorge.

Ne fais pas n'importe quoi !

Wie viel soll ich davon nehmen?
Combien dois-je en prendre ?

Wie oft?
Combien de fois par jour ?

Nimm einen Teelöffel davon vor den Mahlzeiten.
Il faut prendre une cuillère à café avant les repas.

Du musst die Tablette nüchtern einnehmen.
Il faut prendre le comprimé à jeun.

Du musst drei Tropfen am Tag nehmen.
Il faut prendre trois gouttes par jour.

Les petits pièges à éviter
Attention aux faux amis : das Pflaster, c'est « le pansement ». Le plâtre se dit der Gips.

Es geht mir nicht gut

Tu devrais bientôt aller mieux (Es sollte dir schnell besser gehen!) !

Tu trouveras ailleurs et moins cher que dans les pharmacies des produits de première nécessité. Ces magasins s'appellent die Drogerien comme Rossmann ou DM, pour ne citer que les plus connus. Il y en a partout et tu pourras y acheter :

der medezinische Alkohol	l'alcool
das Wasserstoffperoxyd	l'eau oxygénée
die Watte	le coton
die antiseptische Lösung	l'antiseptique
das Desinfektionsmittel	le désinfectant
der Hustensaft	le sirop
die Salbe	la pommade
die Binden	la serviette hygiénique
der Tampon	le tampon
die Sonnenmilch	la lotion solaire

Mais aussi des produits de maquillage, de toilette, des bijoux, des produits bio, etc.

Aua
Si tu te cognes, essaie de le faire en allemand et tu pourras hurler Aua!!!

Beim Zahnarzt

Rien de tel qu'un bon mal de dents (die Zahnschmerzen) pour pimenter les vacances ! Cette molaire qui te chatouillait avant de partir te donne maintenant envie de sauter par la fenêtre ? À moins que tu n'aies laissé une canine dans l'Apfelstrudel ! Bref, tu dois trouver un dentiste, et ça urge !

Ich brauche einen Zahnarzt.
J'ai besoin d'un dentiste.

Face à ce dentiste sadique (pléonasme ?) qui agite sa fraise sous ton nez, tu passes immédiatement aux aveux :

Ich habe Zahnschmerzen.
J'ai une rage de dents.

Mein Backenzahn tut mir weh.
J'ai mal à une molaire.

Ich habe eine Füllung/eine Krone verloren.
J'ai perdu un plombage/une couronne.

Ich glaube, ich habe Karies.
Je pense que j'ai une carie.

Muss der Zahn gezogen werden?
Devez-vous m'arracher la dent ?

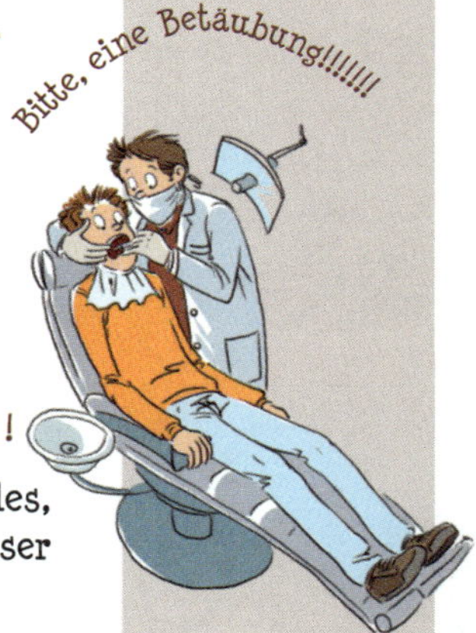

Dans un dernier souffle, tu supplies :

Bitte, eine Betäubung!
Par pitié, docteur, faites-moi une anesthésie !

Respire doucement, pense à des choses agréables, ça peut aider ! Ou alors, profites-en pour réviser quelques mots de circonstance :

die Zahnarztpraxis	le cabinet dentaire
die Zahnspange	l'appareil (dentaire)
die Füllung	le plombage
sich den Mund spülen	se rincer la bouche
spucken	cracher

Die Notaufnahme

C'est le service des urgences. Franchement, tu as envie d'y aller ? Quelques phrases utiles au cas où :

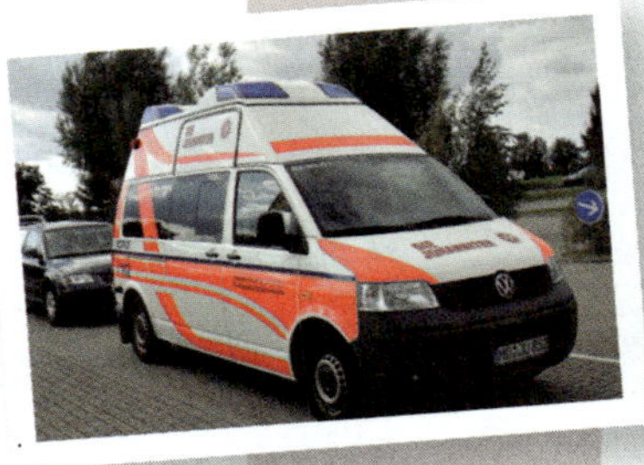

Ich muss ins Krankenhaus.
Je dois aller à l'hôpital.

Ich habe mich geschnitten.
Je me suis coupé(e).

Ich habe mich gestoßen.
Je me suis cogné(e).

Ich bin gestürzt.
Je suis tombé(e).

Ich habe mir den Knöchel verstaucht.
Je me suis foulé la cheville.

Ich habe mir den Arm gebrochen.
Je me suis cassé le bras.

Ich habe meine Tasche verloren!

Tu as oublié ta tablette numérique dans un café ? Ton blouson neuf dans le bus ? Et ta tête ? Un honnête citoyen a pu les trouver et les ramener au bureau des objets trouvés (das Fundbüro). Il n'est pas interdit de rêver !

Ich habe... verloren.
J'ai perdu...

Wissen Sie, ob jemand... gefunden hat?
Savez-vous si quelqu'un a trouvé... ?

Es ist ein kleines rotes Täschchen aus Stoff.
C'est une petite sacoche rouge, en tissu.

Haltet den Dieb!

Est-ce utile de te dire de ne pas laisser traîner ton appareil photo ou ton portable lorsque tu es sur une terrasse ? Ni ton sac ouvert pendant que tu te balades ! En Allemagne, comme partout, il y a des voleurs, et particulièrement dans les endroits touristiques. Ils guettent les insouciants qui laissent leur sac ou leur portefeuille sans surveillance. Que tu aies été victime d'un pickpocket (der Taschendieb) ou d'un vol à l'arraché (der Diebstahl im Vorbeigehen), le passage au commissariat (die Polizeistation) s'impose, voire la visite au consulat (das Konsulat) si tes papiers sont partis avec le sac ! Ta famille d'accueil t'accompagnera, certes, dans toutes les démarches, mais il faudra déjà leur expliquer ce qui t'est arrivé :

Es geht mir nicht gut

Man hat mir meine Brieftasche/mein Portemonnaie/meine Handtasche gestohlen.
On m'a volé ma sacoche/mon portefeuille/mon sac à main.

Ich hatte mein Geld und meinen Ausweis darin.
Il y avait de l'argent et mon passeport.

Ich möchte eine Diebstahlsanzeige aufgeben.
Je voudrais faire une déclaration de vol.

Was muss ich tun?
Que dois-je faire ?

Si tu as vu ton voleur et que tu dois le décrire, retour au chapitre 1 !

Au commissariat comme chez le médecin, tu vas certainement devoir attendre. Profites-en pour faire...

QUIZ Un petit quiz pour terminer !

Essaie de retrouver l'équivalent français de ces expressions :

Einen Frosch im Hals haben.

Weder Hand noch Fuß haben.

Jemanden an der Nase herum führen.

Prendre ses jambes à son cou.

Die Beine unter die Arme nehmen.

N'avoir ni queue ni tête.

Avoir un chat dans la gorge.

Mener quelqu'un par le bout du nez.

17

Kommunizieren

Être à l'étranger ne veut pas dire être coupé(e) du monde. Tes parents ne supporteraient pas de rester sans nouvelles, et toi, tu ne supporterais pas de perdre le contact avec tes potes. Sans compter ta famille d'accueil qu'il faudra bien prévenir si un jour tu es en retard. Décidément, ce n'est pas encore aujourd'hui que tu vas arrêter de tapoter sur un clavier !

Wo gibt es ein Telefon?

Premier cas de figure, tu as un portable (das Handy) : tu composes ton numéro (wähle deine Nummer), et basta !

Deuxième cas de figure, tu n'as pas de portable ou ton forfait est un lointain souvenir : tu devras demander la permission d'utiliser le fixe à la maison :

Darf ich bitte das Telefon benutzen?
Est-ce que je peux utiliser le téléphone, s'il vous plaît ?

Ich möchte meine Familie anrufen.
Je voudrais appeler ma famille.

Sinon, il te reste toujours la bonne vieille cabine téléphonique (die Telefonzelle) :

Gibt es eine Telefonzelle in der Gegend?
Y a-t-il une cabine téléphonique par ici ?

N'oublie pas d'acheter une carte (die Telefonkarte) chez un marchand de journaux (der Zeitungsladen) car les cabines à pièces se font de plus en plus rares.

Ich möchte bitte eine 10 Euro Telefonkarte.
Je voudrais une carte téléphonique prépayée de 10 euros.

Si tu te retrouves seul(e) chez tes hôtes, et que le téléphone sonne, tu peux laisser le répondeur (**der Anrufbeantworter**) prendre le message, ou, n'écoutant que ton courage, répondre toi-même ! Attention, n'accepte aucune proposition de nouvelle cuisine ou de volets électriques pour toutes les fenêtres de la maison...

Am Telefon

Tu crois que le mot « Allô » est universel ? Pas du tout ! Lorsqu'on appelle un numéro en Allemagne, la personne qui décroche donne son nom de famille.

Et toi, que vas-tu répondre ? Comme tu es bien élevé(e), commence par te présenter :

Hallo, ich bin Paul.
Bonjour ! Je m'appelle Paul.

Imaginons un petit dialogue où tu vas pouvoir piocher de quoi ne pas rester sans voix, ce qui est toujours gênant au téléphone...

– **Schmidt**
Allô

– **Wer ist am Apparat?**
Qui est à l'appareil ?

– **Hallo, ich bin Paul. Ist Andreas da?**
Bonjour, c'est Paul. Est-ce qu'Andreas est là ?

– **Ist er zu sprechen bitte?**
Est-ce que je peux lui parler, s'il vous plaît ?

– **Moment, leg nicht auf, ich gebe ihn dir.**
Un instant, ne raccroche pas, je te le passe tout de suite.

L'expression qui sauve

Un Allemand donne son nom de famille quand il répond au téléphone. Si tu appelles ta famille, tu entendras donc **Schmitt**, qui aura le sens de « J'écoute ! ». Le « Allô ? » qui sert à vérifier que ton interlocuteur, muet, est toujours au bout du fil se dit : **Hallo?**

- **Er zu Hause. Ich gebe ihn dir.**
  Il est là. Je te le passe.
- **Er ist nicht zu Hause.**
  Il n'est pas là, il est sorti.
- **Ich rufe später wieder an.**
  Je rappellerai plus tard.
- **Er kann nicht antworten.**
  Il ne peut pas répondre.
- **Willst du eine Nachricht hinterlassen?**
  Pouvez-vous lui transmettre un message ?
- **Wie ist dein Name nochmal?**
  De la part de qui ?

Si on te dit : ich glaube, Sie haben sich verwählt... vérifie dans ton carnet d'adresses avant de refaire le numéro.

Pas si simple de téléphoner dans une langue étrangère !

Die SMS-Sprache

Vas-tu savoir déchiffrer le SMS (eine kurze Nachricht) que vient de t'envoyer Lars ?

Voici de l'aide :

THX	**(danke)**	merci
LOL	**(laugh out loud)**	mdr
AKLA	**(alles klar)**	ça marche, OK
AKLA?	**(alles klar?)**	ça va ?
RUMIAN	**(ruf mich an)**	appelle-moi
HGW	**(herzlichen Glückwunsch)**	tous mes vœux
HDGDL	**(hab dich ganz doll lieb)**	je t'aime beaucoup
DAD	**(denke an dich)**	je pense à toi

Der Computer

Tes hôtes sont de vrais geeks et chez eux, il y a tout pour faire ton bonheur : ordinateur, tablette tactile, Wii... Mais avant de te jeter sur l'ordi (der Computer), n'oublie pas de demander la permission :

Darf ich den Computer benutzen?
Puis-je utiliser l'ordinateur ?

Tu sais évidemment tout cela, mais ta prudence va les rassurer :

Wie mache ich den Computer an/aus?
Comment est-ce que j'allume/j'éteins l'ordinateur ?

Wie mache ich die Internetseite an/aus?
Comment est-ce que je me connecte/déconnecte ?

Wie öffne/schließe ich die Anwendung?
Comment est-ce que je lance/ferme la session ?

La souris te tient tête ?

Ich schaffe es nicht, die Internetseite aufzurufen.
Je n'arrive pas à me connecter à Internet.

Ich habe ein Problem, der Computer hat sich aufgehängt.
J'ai un problème, l'ordinateur est bloqué/a planté.

Mais ! C'est quoi ce fichu clavier ?

Ich kann die at-Taste nicht finden.
Je ne trouve pas l'arobase sur le clavier.

Bon, à part le détail non négligeable du clavier, le reste, tu connais !

der Bildschirm	l'écran
die Tastatur	le clavier
die Taste	la touche

Die Tastatur

Ton texte est truffé de fautes ? Normal, les touches du clavier ne sont pas disposées de la même façon que les nôtres. Pour une fois que tu as une excuse ! Nos voisins germaniques emploient le Qwertz (les six premières lettres de la première rangée), tandis que tu es habitué(e) à un clavier Azerty. Mais ce n'est pas la seule différence : il n'y a pas de caractères accentués, mais il y a des touches pour certains caractères propres à l'allemand, tels que la lettre ä ou les ß. Un truc à reprendre papier et crayon !!

die Maus	la souris
das Programm	le logiciel
das Menü	le menu
die Datei	le fichier
das Dokument	le dossier
klicken	cliquer
kopieren-einfügen	copier-coller
ausschneiden	couper
herunterladen	télécharger
speichern	sauvegarder
löschen	effacer

Das Internetcafé

Ta famille d'accueil est top, mais pas terrible côté nouvelles technologies ! Ils ont un vieil ordi pourri qui rame grave et il faut des plombes pour se connecter à Internet. Ou, encore pire, ils sont restés au Moyen Âge et n'en ont pas !! Tu veux consulter tes mails et suivre l'actualité de tes potes sur tes réseaux sociaux chéris ? Une seule solution, le cybercafé (das Internetcafé) :

Wo gibt es ein Internetcafé?
Où y a-t-il un cybercafé ?

Wie viel kostet eine Stunde?
Combien ça coûte de se connecter une heure ?

Welchen Computer soll ich benutzen?
Sur quel poste je me mets ?

Wie lautet das Passwort?
Quel est le mot de passe pour se connecter ?

Wie kann ich Skype benutzen?
Comment je fais pour me connecter sur Skype ?

Tu y trouveras tout le matériel qu'il te faut :

Kann ich ein Mikrofon/einen Kopfhörer/eine Webcam bekommen?
Puis-je avoir un micro/un casque/une webcam ?

Les caractères accentués

Enclenche le bouton « Num » en haut à droite, au-dessus du pavé numérique, et saisis ces codes, en gardant un doigt sur la touche « alt » :

alt + 133	à
alt + 131	â
alt + 145	æ
alt + 135	ç
alt + 128	Ç
alt + 130	é
alt + 138	è
alt + 136	ê
alt + 137	ë
alt + 140	î
alt + 139	ï
alt + 147	ô
alt + 0156	œ
alt + 151	ù
alt + 150	û
alt + 129	ü

Wie schalte ich die Webcam an?
Comment faire pour mettre en route la webcam ?

Ich möchte das Dokument drucken/scannen.
Je voudrais imprimer/scanner un document.

Darf ich eine CD brennen?
Est-ce que je peux graver un CD ?

Wo stecke ich den USB-Stick hinein?
Où est-ce qu'on insère la clé USB ?

Te voilà dans ton élément, heureux comme une saucisse dans son Brötchen !

Eine E-mail schicken

Tu te rappelles comment demander à quelqu'un son adresse mail :

Wie ist deine Mailadresse?
Quelle est ton adresse mail ?

Das ist meine Mailadresse.
Voici mon adresse mail.

Petit rappel de l'essentiel à savoir pour ne pas la noter de travers :

die at-Taste	l'arobase
der Punkt	le point
der Strich	le tiret
der Unterstrich	le tiret touche 8

Peut-être as-tu reçu du courrier, à moins que tu ne veuilles en envoyer. Allons vérifier :

Ich möchte meine Mails ansehen.
Je voudrais consulter ma messagerie.

Ich muss eine Mail schicken.
Je dois envoyer un courriel.

Relis-toi ! Avant de cliquer sur senden (Envoyer), vérifie que tu n'as pas fait trop de fautes à cause de ce fichu clavier allemand (la bonne excuse !).

Les petits pièges à éviter

Si une partie de ton adresse s'écrit en un seul mot, précise alors zusammen. Par exemple, guillaumecourtois@yahoo.fr se dira : guillaume courtois, zusammen, at yahoo punkt fr.

Im Internet surfen

Comment trouver n'importe quelle information sur n'importe quel sujet ? Simple ! En naviguant sur le Web (im Internet surfen) ! Voilà un blog, un forum (das Forum), un site (die Internetseite), à moins qu'un copain ne t'ait envoyé un lien (der Link) !

Et là, une fois de plus, tu te poses la question : mais... comment, COMMENT faisaient-ils avant, sans Internet ?

Die virtuelle Kommunikation

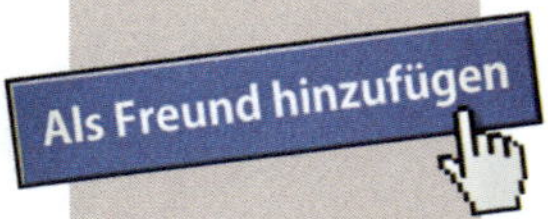

La liste de tes amis s'allonge ! Quand tu les verras, tu pourras leur dire :

Ich habe dich als Freund hinzugefügt.
Je t'ai ajouté comme ami(e).

Ich habe die Bilder bei Facebook eingestellt.
J'ai mis les photos sur Facebook.

Ich habe dich auf einem Foto markiert.
Je t'ai tagué sur une photo.

Ah ! C'est cool d'avoir tant d'amis avec qui chatter (chatten), et en plusieurs langues ! La classe, dis-donc !

Ich schicke dir eine Postkarte

Tu as fini d'envoyer des e-cards à tous les gens normaux que tu connais, reste quelques éléments fossiles de ta famille : mamie Marguerite, tante Léonide, tonton Raymond... Ils ne vivent plus dans des grottes, certes, mais

pensent que la toile sert à faire des sacs ! Et que les souris grignotent la toile !! Pour eux, il va falloir dénicher un crayon et opter pour une méthode traditionnelle : l'envoi d'une (vraie) carte postale (die Postkarte).

Dans la boutique, tu as le choix entre un coucher de soleil sur la mer du Nord, des Bavaroises en costume traditionnel et tenant d'énormes chopes de bière à la main. Tu n'hésites pas, les Bavaroises sont parfaites !

Tu veux montrer d'emblée ta totale maîtrise de la langue allemande et tu commences par :

Lieber Mathieu/Freund,
Cher Mathieu/ami,
Liebe Oma,
Chère grand-mère,
Hallo Onkel Raymond!
Salut, tonton Raymond !

À moins que tu ne préfères conclure :

liebe Grüße.
(Bien) affectueusement.
Lass dich ganz doll umarmen/drücken.
Je t'embrasse bien fort.
Kuß.
(Gros) bisous.
Gruß aus Deutschland.
Bisous d'Allemagne.

Entre les deux, débrouille-toi !

Reste à acheter des timbres (die Briefmarken). Le plus simple est d'aller chez un marchand de journaux ou un bureau de tabac (der Tabakladen), que tu reconnaîtras à l'enseigne Tabakwaren.

Wie viel kostet eine Briefmarke für Frankreich?
Combien coûte un timbre pour la France ?
Ich möchte zehn Briefmarken für Belgien/ Kanada bitte.

Wo kann ich diesen Brief einwerfen?
(Où puis-je poster cette lettre ?)
En Allemagne, les boîtes aux lettres (die Briefkästen) sont carrées ou rectangulaires et jaunes. Dessus, il y a le logo de la Deutsche Post, nom de la compagnie de distribution du courrier.

Je voudrais dix timbres pour la Belgique/ le Canada, s'il vous plaît.

Ich möchte bitte einen Briefumschlag.
Je voudrais une enveloppe, s'il vous plaît.

Non ! Ne les range pas dans ton sac ! Tu dois trouver une boîte aux lettres (der Briefkasten) :

Wo finde ich einen Briefkasten?
Où y a-t-il une boîte aux lettres ?

Maintenant qu'elles sont timbrées, ça serait idiot de les ramener.

Ich schicke dir ein Paket

Comment vas-tu bien pouvoir ramener les différentes sortes de saucisses que tu as achetées ? Elles pèsent une tonne et ta valise est pleine à craquer. Les garder sur tes genoux dans l'avion te réjouit moyennement. Et si tu les postais ? (sourire !) Bien ficelé, le paquet (das Paket) devrait arriver sans dommage (le porc à bon port !). Direction le bureau de poste (die Post) !

Wo ist das Postamt?
Où y a-t-il un bureau de poste ?

Um wie viel Uhr macht die Post auf/zu?
À quelle heure ouvre/ferme la poste ?

Tes saucisses dans les bras, tu fais la queue devant un guichet (der Schalter). Des chiens t'ont suivi(e) et ne quittent pas ton paquet des yeux... bizarre... C'est enfin ton tour :

Ich möchte dieses Paket nach Marseille per Luftpost schicken.
Je voudrais envoyer ce colis à Marseille par avion.

Was ist der Preis?
Quel est le tarif ?

Wie viel wiegt es?
Quel est le poids ?

Wann kommt es an?
Combien de temps mettra-t-il pour arriver ?

L'employé de la poste, intrigué par les huit chiens assis autour de toi, te demande :

Gibt es in dem Paket etwas Zerbrechliches?
Contient-il des objets fragiles ?

Il te tend une étiquette, à toi de jouer :

der Empfänger	le nom du destinataire
die Adresse	l'adresse
die Postleitzahl	le code postal
der Absender	le nom de l'expéditeur
die Standardsendung	envoi normal
die Expresssendung	envoi prioritaire
das Einschreiben	envoi recommandé

Pendant que tu fais la queue au guichet avec tes saucisses, tu peux faire...

QUIZ Un petit quiz pour terminer !

Quel mot ou quelle expression ne s'emploie pas au téléphone ?

- ○ **Hallo**
- ○ **Schmidt**
- ○ **Wer stört**

Écris cette adresse de site Web :

Ha te te pe Doppelpunkt slash slash we we we punkt larousse punkt ef er.

....

La compagnie allemande qui distribue le courrier s'appelle :

- ○ **UPS**
- ○ **HERMES**
- ○ **Die Deutsche Post**

18

Auf Wiedersehen!

Les meilleures choses ont une fin et le jour du départ (die Abreise) est arrivé. Qu'est-ce que c'est passé vite, tu n'en reviens pas (du kannst es kaum fassen!) ! C'est vrai que tu n'as pas eu le temps de t'ennuyer (langweilen) : l'école, les visites, les balades, les amis... Encore quelques semaines et tu rêvais carrément en allemand ! Mais, à en croire la douzaine de SMS envoyés par tes parents depuis ce matin, on t'attend impatiemment.

Alors, il est temps de dire danke et auf Wiedersehen !

Vergiss nichts!

Tu avais fait une liste de choses à ne pas oublier avant ton départ, ce serait bien d'en refaire une avant de partir. Pense à...

1) rendre les clés,
2) remercier tes hôtes et leur offrir un petit cadeau,
3) faire le tour de la maison et ramasser ce qui t'appartient,
4) regarder sous le lit et jeter TOUT ce qui s'y trouve,
5) remettre la main sur ta carte d'identité !

Einige Souvenirs

Il faut maintenant faire ta valise, et tu as évidemment beaucoup plus de choses qu'à l'aller. Impossible de la fermer même en t'asseyant dessus ! Tu vas avoir besoin d'un sac supplémentaire pour mettre les cadeaux que tu ramènes. C'est le moment de vérifier que tu n'as oublié personne.

Pour toi d'abord… qu'est-ce que tu as acheté ? Voyons… Des CD ! Tu as découvert tellement de nouveaux interprètes ! Nena, Anette Louisian, Herbert Grönemeyer, Rammstein, Xavier Naidoo ! Tu as même découvert que les Scorpions étaient allemands !

Et des films aussi. Tu souhaites faire découvrir « Keinohrhasen » à ton prof !

De retour en France, il faudra en effet continuer à écouter de l'allemand (films, séries TV en VO, chansons, radio…), afin de pouvoir profiter pleinement de ton prochain séjour en Allemagne. Il y a encore tellement de choses à découvrir chez nos voisins d'outre-Rhin, et, bien sûr, mieux tu parleras leur langue, mieux tu apprendras à les connaître !

Pour ta famille, tu as pensé à des produits typiques (typisch deutsche Produkte). Attention, certains articles ne sont pas autorisés en cabine. Pense à les mettre dans la valise que tu vas enregistrer, sinon, tu vas en faire une tronche de cake, lorsque les douaniers vont te les confisquer !

die Mozartkugeln

les boules de chocolat fourrées à la pâte d'amandes

Schöne Rückreise!

die Schokolinsen

les lentilles de chocolat à la menthe

die Kiesel

les bonbons en forme de galets

die Haselnußwaffeln

les gaufrettes fourrées de chocolat aux noisettes

die Vitalkekse

les biscuits recouverts de petites graines

Tu ramènerais bien aussi tous ces pains exquis qui changent de la baguette :

das Pumpernickel	le pain de seigle noir de chez noir
das Laugenkonfekt	les petites boules de pain recouvertes de graines
die Brezel	le vrai !
das Rosinenbrot	le pain brioché aux raisins

das Laugenkonfekt

das Rosinenbrot

Ich möchte mich bedanken

Comment remercier tes hôtes qui ont été si gentils ! Tu as remarqué qu'ils ont un petit faible pour le chocolat...

Alors, une jolie boîte avec une carte les touchera beaucoup.

Ich möchte mich für die schöne Zeit bedanken.
Je souhaiterais vous remercier pour les bons moments passés ensemble.

Schöne Rückreise!

Ich habe mich sehr gefreut, Sie kennenzulernen.
J'ai été très heureux(euse) de faire votre connaissance.

Dank Ihnen habe ich sehr viele Fortschritte gemacht.
Grâce à vous, j'ai fait beaucoup de progrès.

Ich möchte in Kontakt mit Ihnen bleiben.
Je souhaiterais rester en contact avec vous.

Und hoffe, dass wir uns wiedersehen werden.
Et j'espère que nous nous reverrons.

Liebe Grüße.
Amitiés.

Die Post

En rangeant ta chambre ce matin, tu es tombé(e) sur quelques chaussettes sales sous le lit, ainsi que sur un paquet de cartes postales que tu comptais envoyer... Il est temps de les écrire si tu veux les poster sur le chemin de la gare ou de l'aéroport.

Liebe Grüße aus Berlin.
Une pensée affectueuse de Berlin.

Hallo aus München.
Un bonjour de Munich.

Ich amüsiere mich königlich!
Je m'amuse comme un fou/une folle !

Ich esse viel Rotkohl.
Je mange beaucoup de chou rouge.

Das Wetter ist schlecht, es regnet viel!
Il ne fait pas beau, il pleut beaucoup !

Liebe Grüße aus Aschaffenburg!
Bons baisers d'Aschaffenburg !

N'oublie pas d'écrire « FRANKREICH » à la fin de l'adresse (ou bien F devant le code postal, F-75006), et d'acheter des timbres pour l'Europe à la poste (die Briefmarken).

Die Deutsche Post

En Allemagne, il y a des bureaux de poste (die Deutsche Post) un peu partout. Souvent cachés au fond des magasins, ils sont indiqués par une enseigne jaune. Inutile donc de courir pour trouver un bureau de poste traditionnel quand tu voudras acheter des timbres.

Bis bald

Le moment est venu de dire au revoir (auf Wiedersehen) à ta famille. Tu as la gorge serrée, les larmes aux yeux... Tu as l'impression de les avoir toujours connus et tu te souviens de toi à l'arrivée, timide, embarrassé(e), n'osant pas parler... cela te semble loin...

Vielen Dank für den schönen Aufenthalt.
Merci pour le très agréable séjour.

Es war sehr schön hier!
C'était super !

Ich liebe Deutschland!
J'adore l'Allemagne !

Ich hoffe, Sie werden auch nach Frankreich kommen.
J'espère que vous viendrez aussi en France.

Ich rufe an, wenn ich angekommen bin.
Je vous appelle quand je suis arrivé(e).

Auf Wiedersehen!
Au revoir !

Pas question de se perdre de vue. « Loin des yeux, loin du cœur » ? Sûrement pas !

Ich hoffe, wir sehen uns bald wieder.
J'espère que nous nous reverrons bientôt.

Wir bleiben in Kontakt.
On reste en contact.

Ruf ab und zu an!
Appelle de temps en temps !

Quand on pense que tu ne voulais pas venir...

Ich habe es eilig nach Deutschland zurückzukommen!
J'ai vraiment hâte de revenir en Allemagne !

Pas de honte à verser quelques larmes, d'ailleurs tu n'es pas le (la) seul(e) ! Allez ! Vous vous reverrez !

Schöne Rückreise!

Bis nächstes Jahr!
À l'année prochaine !

Bis bald!
À bientôt !

Bis zum nächsten Mal!
À la prochaine !

Tu reprends tes esprits et tu décides que c'est ici et nulle part ailleurs que tu passeras tes vacances l'année prochaine ! Tu dois améliorer ta conduite à vélo, revoir le musée du Mur, savoir différencier das Vollkornbrot de das Weißbrot, mais, surtout, revoir ces gens que tu as appris à connaître et à apprécier.

Es hat mir bei Ihnen sehr gut gefallen.
Je me suis beaucoup plu chez vous.

Ich komme in den nächsten Ferien wieder.
Je reviendrai pour mes prochaines vacances.

Plus de place dans la valise pour ton guide ? Alors garde-le à la main, car, sur le chemin du retour, tu auras tout le temps de faire...

QUIZ Un petit quiz pour terminer !

Comment dire à ta famille d'accueil que tu souhaites revenir chez eux aux prochaines vacances ?

....

Comment diras-tu en allemand : « Nous restons en contact » ?

- ❍ **Wir bleiben im Kontakt.**
- ❍ **Wir bleiben in Kontakt.**
- ❍ **Wir bleiben am Kontakt.**

Quiz de révision

Certes, les règles de la conduite à vélo te paraissent encore bien mystérieuses, mais tu es incollable à présent sur la culture et la langue allemandes. Si, si je t'assure ! Refais ce test auquel tu t'étais essayé(e) avant ton séjour et tu verras toi-même.

1 Traditionnellement, les cyclistes allemands circulent sur...

- ❍ **la route**
- ❍ **une piste prévue à cet effet**
- ❍ **uniquement sur la bande d'arrêt d'urgence des autoroutes**

2 Traditionnellement, les boîtes aux lettres allemandes sont...

- ❍ **bleues**
- ❍ **noires**
- ❍ **jaunes**

3 La monnaie utilisée en Allemagne, c'est...

- ❍ **l'euro**
- ❍ **die Deutsche Mark**
- ❍ **une monnaie de singe**

4 Sur les routes, on roule...

- ❍ **à droite**
- ❍ **à gauche**
- ❍ **à l'ombre**

5 Quand quelqu'un éternue, on lui dit...

- ❍ **Alles Gute zum Geburtstag!**
- ❍ **Fröhliche Weihnachten!**
- ❍ **Gesundheit!**

6 Comment dit-on « la gare » en allemand...

❍ **der Flughafen**

❍ **das Auto**

❍ **der Bahnhof**

7 Si tu ne comprends pas, tu dis...

❍ **Ich verstande nicht.**

❍ **Ich nicht verstehe.**

❍ **Ich verstehe nicht.**

8 Pour demander comment on dit quelque chose, tu utilises...

❍ **Wie heißt du?**

❍ **Was ist das?**

❍ **Wie heißt das?**

9 Si tu veux savoir le temps qu'il fait, tu dis...

❍ **Wie ist das Wetter?**

❍ **Wo ist das Wetter?**

❍ **Wer ist das Wetter?**

10 Dans quelle ville d'Allemagne rencontre-t-on des ours à tous les coins de rue ?

❍ **Hambourg**

❍ **Munich**

❍ **Berlin**

11 Qu'est-ce que le Rotkohl ?

❍ **une station de métro**

❍ **un légume très apprécié des Allemands**

❍ **le nom d'un magasin de chaussures**

12 Que fêtent les Allemands le 3 octobre ?

- ❍ **la victoire du Bayern Munich**
- ❍ **Noël**
- ❍ **la réunification de l'Allemagne**

13 Qu'est-ce que la Einschulung ?

- ❍ **le nom d'un légume**
- ❍ **le nom d'un joueur de football**
- ❍ **le nom qu'on donne au premier jour d'école**

14 « Je ne suis pas dans mon assiette » se dit…

- ❍ **Ich bin nicht in meinem Teller.**
- ❍ **Ich fühle mich nicht wohl.**
- ❍ **Ich möchte einen Teller.**

15 NDR c'est…

- ❍ **le nom d'une station de radio et de télé**
- ❍ **le nom d'un produit de beauté (« Ne Démaquille Rien »)**
- ❍ **le nom d'une chaîne de restaurants**

16 Tu demandes à Charlotte si elle a un petit ami. Tu lui dis…

- ❍ **Hast du ein Fahrrad?**
- ❍ **Hast du Freude?**
- ❍ **Hast du einen Freund?**

17 Qu'est-ce que tu ne trouveras pas dans le salon ?

- ❍ **die Couch**
- ❍ **der Teppich**
- ❍ **die Telefonzelle**

18 Tu t'es coupé le doigt. Tu as besoin de…

- ❍ **ein Pflaster**
- ❍ **ein Messer**
- ❍ **eine Brille**

19 Comment dit-on « il gèle » ?

- ❍ **Es regnet.**
- ❍ **Es schneit.**
- ❍ **Es friert.**

20 Tu gèles. Tu as la chair de poule. Tu dis…

- ❍ **Ich geliere.**
- ❍ **Ich habe Hünerhaut.**
- ❍ **Ich habe Gänsehaut.**

21 À Noël, on dit…

- ❍ **Fröhliches neues Jahr!**
- ❍ **Fröhliche Weihnachten!**
- ❍ **Oh! Du fröhliche!**

22 Tu as faim. Tu dis…

- ❍ **Ich bin Hunger.**
- ❍ **Ich habe Hunger.**
- ❍ **Ich habe Unger.**

23 Où est-ce qu'on range ses vêtements ?

- ❍ **in den Schrank**
- ❍ **in die Schranke**
- ❍ **in den Schrek**

24 Tu rencontres quelqu'un pour la première fois. Tu dis...

- ❍ **Schade!**
- ❍ **Es freut mich!**
- ❍ **Tschüss!**

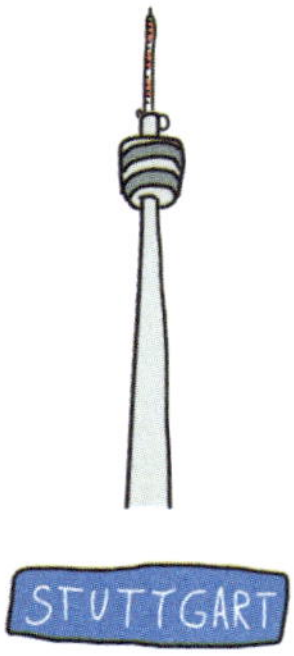

25 Was bedeutet das? signifie...

- ❍ **Qu'est-ce que c'est ?**
- ❍ **Qu'est-ce que tu me veux ?**
- ❍ **Qu'est-ce que cela veut dire ?**

26 Die Gemütlichkeit signifie...

- ❍ **que tu vas vomir**
- ❍ **que l'endroit où tu te trouves est très confortable**
- ❍ **que tu te sens mal**

27 En allemand « Paris » se prononce...

- ❍ **Pari**
- ❍ **Parisssss**
- ❍ **Parisssseu**

28 Tu veux un café au petit déjeuner. Tu demandes...

- ❍ **eine Tasse Kaffee**
- ❍ **eine Kaffeetasse**
- ❍ **ein Café**

29 Pour souhaiter « Bon appétit », tu dis...

- ❍ **Gut Appetit!**
- ❍ **Guten Appetit!**
- ❍ **Good appétit!**

30 Que signifie die Wende ?

- ❍ un signe pour prévenir de l'arrivée de la police (22)
- ❍ la chute du Mur
- ❍ qu'il faut tourner à gauche

31 Comment dit-on « langue » en allemand ?

- ❍ die Sprache
- ❍ die Spreche
- ❍ die Sache

32 Nomme un plat typiquement allemand…

- ❍ Fisch und Chips
- ❍ Schnitzel und Kartoffeln
- ❍ Schnecken

33 Comment dit-on « poisson pané » en Allemagne ?

- ❍ Fisch paniert
- ❍ Fischstäbchen
- ❍ Fischauge

34 Ich bin in der Schule signifie…

- ❍ que tu es à l'école
- ❍ que tu vas à l'école
- ❍ que tu as des soucis

35 Tu as le mal du pays. Tu dis…

- ❍ Ich habe Zuhauseweh.
- ❍ Ich habe Heimweh.
- ❍ Ich habe Heimschmerzen.

36 Pour écrire une carte postale à Mamie, il te faut...

- ❍ **eine Himbeere**
- ❍ **eine Erdbeere**
- ❍ **einen Kugelschreiber**

37 Le médecin te dit : Mach den Oberkörper frei. Tu comprends...

- ❍ **qu'il faut que tu changes d'étage pour voir s'il y a de la place**
- ❍ **qu'il te demande si tu aimes les artichauts**
- ❍ **qu'il faut que tu enlèves ton T-shirt**

38 Comment dit-on « mon frère jumeau » en allemand ?

- ❍ **mein Zwillingsbruder**
- ❍ **mein Doppelbruder**
- ❍ **mein Halbbruder**

39 Comment s'appelle la rue très commercante de Berlin ?

- ❍ **der Ku'damm**
- ❍ **der Kuhdamm**
- ❍ **die Berlinerstrasse**

40 Un camarade de classe te dit : Ich habe dich lieb. Qu'est-ce qu'il veut dire ?

- ❍ **Tu me passes ton livre ?**
- ❍ **Je m'appelle Lieb.**
- ❍ **Je t'aime bien.**

41 Le Reichstag se trouve...

- ❍ **à Berlin**
- ❍ **à Hambourg**
- ❍ **à Bonn**

42 En argot, les Allemands désignent l'argent par quel mot ?

❍ **Mäuse**

❍ **Cent**

❍ **Euro**

43 Tu commandes une glace au chocolat. Tu dis...

❍ **eine heiße Schokolade**

❍ **ein Eis Schokolade**

❍ **ein Schokoladeneis**

44 Tu t'es perdu(e). En allemand, tu dis...

❍ **Ich habe mich verlaufen.**

❍ **Ich habe mich pommiert.**

❍ **Ich bin weg gelaufen.**

45 La Currywurst c'est...

❍ **un plat indien**

❍ **un plat très apprécié des Allemands**

❍ **des frites**

46 Les Allemands raffolent de...

❍ **la glace**

❍ **la glace**

❍ **la glace**

47 Tu veux un plan de la ville. Tu demandes...

❍ **einen Stadtplan**

❍ **einen Stadtmann**

❍ **eine Eisenbahn**

48 Le soir, avant de te coucher, tu pourrais entendre...
- ❍ **Träume süß!**
- ❍ **Aufwachen!**
- ❍ **Nimm den Bus!**

49 Tu veux acheter un ticket de bus. Tu demandes...
- ❍ **eine Eintrittskarte**
- ❍ **eine Spielkarte**
- ❍ **eine Fahrkarte**

50 Das Brandenburger Tor c'est...
- ❍ **le nom de tes voisins**
- ❍ **le nom de ton chat**
- ❍ **le nom d'un monument à Berlin**

51 L'expression Wie Gott in Frankreich signifie...
- ❍ **qu'on a envie de manger des cuisses de grenouille**
- ❍ **qu'on se sent particulièrement bien dans un endroit**
- ❍ **qu'il faut aller en France pour visiter des grottes**

52 Tu veux prendre le métro. Tu demandes...
- ❍ **die S-Bahn**
- ❍ **die U-Bahn**
- ❍ **die Deutsche Bahn**

53 « À plus tard » se dit...
- ❍ **Bis später!**
- ❍ **Zu später!**
- ❍ **Auf Wiedersehen!**

54 Les couleurs du drapeau allemand sont...
- ❍ **noir, rouge, jaune**
- ❍ **bleu, blanc, rouge**
- ❍ **jaune, rouge, noir**

Quiz de révision

55 Quelle(s) mer(s) borde(nt) l'Allemagne ?

- ❍ **la Méditerranée et la mer Rouge**
- ❍ **la mer du Nord et la Baltique**
- ❍ **l'Atlantique**

56 Trouve le nom d'un gâteau typiquement allemand...

- ❍ **Kartoffelkuchen**
- ❍ **Schwarzwälder Kirschtorte**
- ❍ **Wurstschnitte**

57 Tu as besoin d'un nouveau pantalon. Tu cherches...

- ❍ **eine Hose**
- ❍ **eine Pause**
- ❍ **eine Rose**

58 Donne le nom d'un groupe allemand...

- ❍ **Dummsein**
- ❍ **Schlammschwein**
- ❍ **Rammstein**

59 Connais-tu le nom de ce magasin allemand ?

- ❍ **Darmstadt**
- ❍ **Kapstadt**
- ❍ **Karstadt**

60 Si tu rencontres un lapin barbouillé de chocolat, c'est...

- ❍ **der Nikolaus**
- ❍ **der Osterhase**
- ❍ **der Klaus**

Corrigés

1 Los geht's

- Ich wohne in der Bretagne.
- Die Reise war schön.
- Ihre Brille ist schön.

2 Hallo!!

- Mein Vater ist zweiundvierzig Jahre alt.
- Ich bin zum ersten Mal in Deutschland.
- Es ist sehr gemütlich hier!

3 Dein Zimmer

- **der** Bruder, **die** Lehrerin, **das** Gemüse, **die** Bäckerei, **der** Regen, **der** Dezember, **das** Essen, **der** Montag, **der** Schmetterling
- Die Tastatur ist anders als in Frankreich.
- Es ist auf dem Schreibtisch.

4 Hungrig?

- Ich mag Petersilie.
- Ich hätte gern noch eine Tasse Kaffee.

5 Müde?

- Bett
- Ich interessiere mich sehr für die deutsche Geschichte.
- Ich liebe Krimis.

6 Aufstehen!!

- die Hose
- Ich habe keinen Hunger mehr.

7 Hab einen schönen Tag!

- Wir treffen uns um halb sieben.
- Mir ist kalt.

Corrigés

- Wo kann ich die nächste Bushaltestelle finden?
- Wie wird das Wetter morgen?

8 In der Schule

- die Einschulung
- die vierte Klasse
- In welcher Klasse bist du?
- Ich bin in der zehnten Klasse.

9 Hungrig?

- Ich gehe in die Bäckerei.
- Hühnerfrikassee
- Guten Appetit!

10 Schön dass du da bist

- Hab dich lieb, du fehlst mir, liebe Grüße
- Ich habe Heimweh.
- Ich bin in dich verliebt.
- Kann ich mich neben dich setzen?

11 Stadtrundfahrt

- die Wende
- 1989
- Checkpoint Charlie
- le siège du Parlement

12 Freizeit und Sport

- Ich habe Gänsehaut im Schwimmbecken.
- die Katze
- die Badehose / der Bikini
- das Badetuch

- Berlin
- das Hallenbad

13 Einkaufen gehen!

- diēse
- 38
- Stimmt so, danke schön

14 Erschöpft?

- Mittwoch

15 Ein besonderer Tag

- Fröhliche Weihnachten!
- Schönes neues Jahr!

16 Hilfe!

- Einen Frosch im Hals haben.
  → Avoir un chat dans la gorge.
  Weder Hand noch Fuß haben.
  → N'avoir ni queue ni tête.
  Jemanden an der Nase herumführen.
  → Mener quelqu'un par le bout du nez.
  Die Beine unter die Arme nehmen.
  → Prendre ses jambes à son cou.

17 Kommunizieren

- Wer stört
- http://www.larousse.fr
- Die Deutsche Post

18 Auf Wiedersehen!

- Ich komme in den nächsten Ferien wieder.
- Wir bleiben in Kontakt.

Corrigés

Corrigés

19 Quiz de révision

1. une piste prévue à cet effet
2. jaunes
3. l'euro
4. à droite
5. Gesundheit!
6. der Bahnhof
7. Ich verstehe nicht.
8. Wie heißt das?
9. Wie ist das Wetter?
10. Berlin
11. un légume très apprécié des Allemands
12. la réunification de l'Allemagne
13. le nom qu'on donne au premier jour d'école
14. Ich fühle mich nicht wohl.
15. le nom d'une station de radio et de télé
16. Hast du einen Freund?
17. die Telefonzelle
18. ein Pflaster
19. Es friert.
20. Ich habe Gänsehaut.
21. Fröhliche Weihnachten!
22. Ich habe Hunger.
23. in den Schrank
24. Es freut mich!
25. Qu'est-ce que cela veut dire ?
26. que l'endroit où tu te trouves est très confortable
27. Parisssss
28. eine Tasse Kaffee
29. Guten Appetit
30. la chute du Mur
31. die Sprache

Corrigés

32. Schnitzel und Kartoffeln
33. Fischstäbchen
34. que tu es à l'école
35. Ich habe Heimweh.
36. einen Kugelschreiber
37. qu'il faut que tu enlèves ton T-shirt
38. mein Zwillingsbruder
39. der Ku'damm
40. Je t'aime bien.
41. à Berlin
42. Mäuse
43. ein Schokoladeneis
44. Ich habe mich verlaufen.
45. un plat très apprécié des Allemands
46. :)
47. einen Stadtplan
48. Träume süß!
49. eine Fahrkarte
50. le nom d'un monument à Berlin
51. qu'on se sent particulièrement bien dans un endroit
52. die U-Bahn
53. Bis später!
54. noir, rouge, jaune
55. la mer du Nord et la Baltique
56. Schwarzwälder Kirschtorte
57. eine Hose
58. Rammstein
59. Karstadt
60. der Osterhase

Crédits photographiques :

© Fotolia : 9gods - abcmedia - Albachiaraa - Alex Bramwell - Alexandr Mitiuc - Alexey Dubovskiy - Alexi TAUZIN - andreapetrlik - Andrey IURLOV - angelo.gi - Antonio Gravante - artikularis - ArTo - ArVis - auremar - auryndrikson - babimu - banglds - beawolf - berlin2020 - bluedarkat - bluedesign - Brad Pict - Brian Jackson - brigitte delacroix - Brooke Becker - Butch - by Horst Tomaszewski 2011 - by-studio - CALLALLOO Canis - Carmen Steiner - Carola Vahldiek - Carsten Reisinger - charles taylor - Christian Jung - Christian Schwier - Germany - cmfotoworks - codiarts - contrastwerkstatt - Cpro - Dalmatin.o - Daniel Ernst - Daorson - dario - de_marco - Deklofenak - Design_5D - Designer_Andrea - DeVIce - diego cervo - dimedrol68 - dmitrydesigner - drubig-photo - DURIS Guillaume - eceseven - ehrenberg-bilder - electriceye - Elena Schweitzer - Eleonore horiot - Elnur - elxeneize - Eric Isselée - eugen_z - Euqirneto - FM2 - foodinaire - Foodpics - francovolpato - Frank - FreeSoulProduction - Frofoto - Frog 974 - ftlaugirl - Gertan - Giuseppe Porzani - goodluz - Gordon Bussiek - HAKOpromotion - Hans-Jörg Nisch - hd-design - He2 - Hero - HLPhoto - i love images - Igor Golovnov - IKO - Image Source IS2 - Increa - Infinite XX - IrisArt - Ivan Bliznetsov - jannemann2000 - jarma - jd-photodesign - jiortola - jokatoons - julien tromeur - Jürgen Fälchle - Katja Xenikis - katz23 - Klaus-Peter Adler - klickerminth - ko.yo - Kobes - kraska - kristina rütten - Kzenon - L.Klauser - Leysan - Liddy Hansdottir - lightpoet - LiliGraphie - Liudmila Travina - losw - Lucky Dragon - lumen-digital - lynea - macroart - Marcus Klepper - Maren Wischnewski - Margit Power - Maria.P. - Martina Berg - Marzia Giacobbe - Maximo Sanz - MaxWo - Melisback - mirkLe - Monkey Business - motorradcbr - Mr Korn Flakes - Nabar - Nessi - nfrPictures - Nikolai Sorokin - NinaMalyna - Nirdesha Munasinghe - NLshop - N-Media-Images - onoky - Otto - Otto Durst - Paty Wingrove - Peter Jobst - petra b. - Phase4Photography - philidor - Philipp Nicolai - picsfive - Pierre Brumder - Piet_Oberau - Pixelot - plutofrosti - Podfoto - Printemps - Quade - Ramona Heim - ramonzarat - rangizzz - rauf_ashrafov - Ray - RealPhotoItaly - rimglow - Rob Stark - Robert Kneschke - Sandra van der Steen - Sashkin - sashpictures - Scanrail - schankz - schneckche - seen - Serge Bertasius - shime - SilviuFlorin - Sliver - SOMATUSCANI - Spectral-Design - spuno - SSilver - Stefan Körber - sterneleben - Steve Young - StockPixstore - Subbotina Anna - sunt - Sven Bähren - Svetlana Rib - Svist625 - Swetlana Wall - S.White - Tatjana Balzer - teracreonte - The Paris Frog - the rock - THesIMPLIFY - thierryplouchard - Thomas Francois - Thomas LAUNOIS - Thomas Otto - Thomas Pajot - Thongsee Muellek - tobago77 - Toenne - tofino - tolism - Tom Bayer - TRITOOTH - TrudiDesign - Tupungato - Ufotopixl10 - umbertoleporini - unpict - uwimages - vectorine - vege - Viktor - VIKTORIIA KULISH - virtua73 - Visual Concepts - volkann - Volker Gerstenberg - Volker Werner - vschlichting - wildworx - Wogi - Woodapple - XtravaganT - yadviga - Yantra - Yasonya - Yuri Arcurs - yvart - Yves Damin - zzqzss

© Siddharth Patil/Open Clip Art Library (page 33)

© Ulrike Meindl (page 118)

© Winnie-MD (page 125)

© hmboo/Flickr (page 135)

© 2007 Deutsche Post AG (page 141)

Imprimé en Italie par
«La Tipografica Varese S.p.A.», Varese
Dépôt légal : août 2012 - 309125
N° de projet : 11018470 - août 2012

Direcció editorial:
Departament de Literatura
Infantil i Juvenil

Direcció d'art:
Departament d'Imatge i Disseny GELV

Disseny de la col·lecció:
Manuel Estrada

El 0,7% de la venda d'aquest llibre es destina al Projecte «Mejora de la Calidad y oferta educativa del ciclo diversificado del Instituto Tecnológico de Quiché de Chichicastanango (Guatemala)», que gestiona l'ONG Solidaritat, Educació, Desenvolupament (SED).

1a edició, 5a impressió, juny 2008

C/ Salvador Espriu, 79, baixos 2a
08005 Barcelona
www.baula.com

ISBN: 978-84-479-1001-4
Dipòsit legal: Z. 2279-08

Tallers Gràfics Edelvives (50012 Saragossa)
Certificats ISO 9001
Printed in Spain

FITXA PER A BIBLIOTEQUES

DELGADO, Josep-Francesc (1960-)
Papitis / Josep-Francesc Delgado ; il·lustracions, Mercè Arànega. – 1a ed., 5a reimp. – Barcelona : Baula, 2008
63 p. : il. col. ; 20 cm. – (Ala Delta. Sèrie roja ; 1)
ISBN 978-84-479-1001-4
1. Relació pare-fills. 2. Joguines. 3. Aprenentatge. I. Arànega, Mercè (1948-), il. II. Títol. III. Sèrie.
087.5:821.134.1-32"19"